SV

Dževad Karahasan

Tagebuch der Übersiedlung

Essays

Aus dem Bosnischen von
Katharina Wolf-Grießhaber

Suhrkamp Verlag

Die Originalausgabe erschien 1993 unter dem Titel *Dnevnik selidbe* bei Durieux in Zagreb. Der Übersetzung liegt eine vom Autor revidierte Fassung zugrunde. Nähere Angaben in der editorischen Notiz am Schluss des Bandes.

Erste Auflage 2021

Satz: Eberl & Kœsel Studio GmbH, Krugzell
Druck: CPI books GmbH, Leck
Printed in Germany
ISBN 978-3-518-42981-5

Tagebuch der Übersiedlung

Sarajevo – Porträt der inneren Stadt

Sarajevo, die größte und zugleich Hauptstadt Bosniens und der Herzegowina, ist eine für die Gegend besonders charakteristische Stadt (gegründet hat sie im Jahr 1460 Isa beg Ishaković). Im Miljacka-Tal erbaut, von Bergen umgeben, ist sie sozusagen von der Welt abgeschirmt und isoliert, von allem Äußeren abgeschlossen und ganz sich selbst zugewandt. In der Talsohle wurde das Geschäftszentrum errichtet, die sogenannte Čaršija (eine Entsprechung wäre die City der heutigen europäischen Städte), und an den Hängen, von denen der Talkessel umgeben ist, wurden die städtischen Wohnviertel erbaut, die Mahale. So ist das Stadtzentrum eigentlich zweifach von der Welt abgeschlossen – durch die Berge und durch die Mahale, die auf Grund der Geländestruktur, aber auch der urbanistischen Lösungen und ihrer Beziehung zum Zentrum wie ein Panzer funktionieren, den der Mittelpunkt der Stadt »abgesondert« hat, damit er ihn vor allem Äußeren schützt, so wie eine Schnecke oder Muschel von ihrem Gehäuse geschützt wird.

Ob deshalb, weil Sarajevo durch diese zweifache Abgeschlossenheit von der Außenwelt dazu gezwungen ist, »in sich hineinzusehen« und sich ganz seinem Inneren zuzuwenden, oder aus einem anderen Grund, jedenfalls wurde die Stadt sehr schnell nach ihrer Gründung zu einer Metapher für die Welt, zu einem Ort, an dem sich die verschiedenen Gesichter der Welt in einem Punkt sammeln wie zerstreute Lichtstrahlen in einem Prisma. Etwa hundert Jahre nach ihrer Gründung konnte die Stadt Menschen aller monotheistischen Religionen und der von ihnen abgeleiteten Kulturen sowie eine Vielzahl verschiedener Sprachen und Lebensformen in sich versammeln. Sie wurde zu einem Mikrokosmos, zum Zentrum der Welt, zu ihrem Mittelpunkt, der wie jeder Mittelpunkt nach der Lehre der Esoteriker die ganze Welt in sich trägt. Daher ist Sarajevo zweifellos eine innere Stadt in der Bedeutung, welche die Esoteriker diesem Wort zuschreiben: Alles, was in der Welt möglich ist, existiert in Sarajevo, verkleinert, reduziert auf seinen Kern, aber es existiert, weil Sarajevo der Mittelpunkt der Welt ist (das Äußere ist im Inneren, also auch im Mittelpunkt, immer und vollständig enthalten, sagen die Esoteriker). Wie die Kristallkugel einer Wahrsagerin, die alle Geschehnisse enthält, alles, was ein Mensch erleben kann, alle Dinge und alle Erscheinungen der Welt, oder wie das Aleph von Borges alles, was gewesen ist, alles, was sein wird, und alles, was überhaupt sein könnte, in sich vereint, so enthält auch Sarajevo alles, was die Welt westlich von Indien konstituiert. Vielleicht weil Sarajevo wie andere bosnische Städte so vollkommen von der äußeren Welt abgeschlossen und dadurch sich selbst zugekehrt und in sich gekehrt ist, vielleicht weil die Welt eine Stadt braucht, in der sie wie in einer Kristallkugel ideal enthalten ist, vielleicht auch aus einem dritten Grund; ich weiß es nicht, aber ich weiß, dass es so ist.

Schon zur Zeit ihrer Gründung hatten Menschen dreier monotheistischer Religionen, der islamischen, katholischen und orthodoxen, in der Stadt gelebt, es wurde Türkisch, Arabisch und Persisch, Bosnisch und Serbisch, Ungarisch, Deutsch und Italienisch gesprochen. Etwa fünfzig Jahre nach der Gründung Sarajevos vertrieben die frommen spanischen Herrscher Ferdinand und Isabella die Juden, von denen einige in Sarajevo Zuflucht fanden und neben neuen Sprachen eine vierte monotheistische Religion in die Stadt brachten, eine neue Kultur, in der sich die Religion und das jahrhundertelange Wandern niederschlugen. So wurde Sarajevo zu einem neuen Babylon und einem neuen Jerusalem – zur Stadt einer neuen Sprachverwirrung und zur Stadt, in der man mit einem Blick die Gotteshäuser aller Buchreligionen umfassen kann.

Diese Mischung von Sprachen, Religionen, Kulturen und Völkern, die darauf angewiesen waren, auf so engem Raum zusammenzuleben, erzeugte eine sehr spezifische Kulturform, ein Kultursystem, das charakteristisch ist für Bosnien und Herzegowina und insbesondere für Sarajevo. Natürlich gab es im multinationalen und multireligiösen Osmanischen Reich viele Gegenden und viele Städte, in denen sich Völker, Sprachen und Religionen vermischten, aber sicher gab es selbst in diesem riesigen Staat keine Stadt, in der sich so viele Sprachen, Religionen und Kulturen auf so engem Raum getroffen und vermischt hätten. Vielleicht lässt sich damit erklären, warum Bosnien im Osmanischen Reich den Sonderstatus einer freien Stadt innehatte – die Besonderheit des bosnischen Kultursystems beinhaltete wenigstens eine Art von politischem Sonderstatus. Bei Kultur denke ich hier an das, was Claude Lévi-Strauss als Lebensform definiert hat, also an die Gesamtheit von Abläufen und Tatsachen, die das Alltagsleben ausmachen.

Das bosnische Kultursystem, das sich gerade in Sarajevo in seiner reinsten Form entwickelt und am konsequentesten verwirklicht hat, lässt sich recht präzise als »dramatisch« charakterisieren und als Opposition zu dem definieren, was man als »dialektisch« beschreiben würde. Die Grundprinzipien des bosnischen Kultursystems sind den Prinzipien, die das Drama konstituieren, verwandt und werden im Vergleich mit diesen verständlich. Das Grundverhältnis zwischen den Elementen des Systems ist eine auf Opposition basierende Spannung, das heißt, die Elemente sind einander entgegengesetzt und gerade durch diese Gegensätzlichkeit, in der sie sich definieren, miteinander verbunden; die Elemente gehen in die Struktur des Systems ein (in die Struktur einer Ganzheit höherer Ordnung), ohne ihre ursprüngliche Natur, beziehungsweise die Eigenschaften, die sie außerhalb des Systems haben, das sie konstituieren, einzubüßen – jedes Element hat beim Eingang in die Struktur des Systems neue Eigenschaften erhalten, aber keine seiner bisherigen verloren; jedes dieser Elemente ist auch selbst eine komplexe Ganzheit, bestehend aus zwei durch ein Oppositionsverhältnis verbundenen Teilen.

Das Grundmerkmal dieses so konstituierten Kultursystems ist der Pluralismus, und von daher bildet es einen direkten Gegensatz zu dialektischen Kultursystemen, die noch immer in den großen Städten des Westens vorherrschen, in denen es zu Vermischungen von Religionen, Sprachen und Völkern kommt wie seinerzeit in Sarajevo. Wenn im dramatischen Kultursystem das Grundverhältnis die Spannung ist, in der beide Faktoren des Verhältnisses ihre primäre Natur bestätigen, ist das Grundverhältnis im dialektischen System das gegenseitige Verschlingen oder, wenn es schöner klingen soll, das Enthaltensein des Niedrigeren im Höheren, des Schwächeren im Stärkeren. Jedes Mitglied des dramatischen Kultursystems braucht den Anderen als Beweis für seine eigene Identität, weil die eigene Besonderheit im Verhältnis zur Besonderheit des Anderen bewiesen und artikuliert wird, während der Andere in einem dialektisch konstruierten System nur scheinbar ein Anderer, in Wirklichkeit aber ein maskiertes Ich ist, beziehungsweise ein in mir enthaltener Anderer, da im dialektischen System (und in der dialektischen Art des Denkens) entgegengesetzte Tatsachen eigentlich eins sind. Das ist der fundamentale Unterschied zwischen Sarajevo und den gegenwärtigen babylonischen Vermischungen in den westlichen Städten, ein Unterschied, der als Erklärung diese oberflächliche und etwas zu technische Beschreibung von Kultursystemen verlangte, die in diesen Umfeldern entstehen.

Innerhalb des dramatisch konstituierten Kultursystems läuft ein aufregendes Spiel ab, bei dem das Offene und das Geschlossene, das Äußere und das Innere einander kommentieren und gegenüberstehen, ein Spiel, das sowohl die innere Organisation der Stadt als auch die Struktur all ihrer Teile sowie das Alltagsleben in ihr bestimmt, und eben auch jedes Element des Alltagslebens, vom Wohnen bis zum Essen. Dieses Spiel, das auf allen Ebenen zu sehen ist, auf denen man eine Stadt überhaupt betrachten kann, zeigt eine weitere Facette dessen, was ich meine, wenn ich von Sarajevo als einer inneren Stadt spreche.

Das Spiel von Offenem und Geschlossenem, Äußerem und Innerem, die einander kommentieren, sich gegenüberstehen und spiegeln, lässt sich klar und deutlich an der Gliederung der Stadt erkennen. Zweifach von der Außenwelt abgesondert – zunächst durch die Berge, die den Talkessel umfassen, und dann durch die einzelnen, auf den Hängen dieser Berge erbauten Stadtviertel oder Mahale –, ist der Mittelpunkt der Stadt reines Innen. Die Mahale sind wie Strahlen um ein Zentrum angeordnet, so dass, von ihm aus gesehen, auf einer Seite die muslimische Mahala Vratnik, auf der zweiten Seite die katholische Mahala Latinluk, auf der dritten Seite die orthodoxe Mahala Tašlihan, auf der vierten Seite die jüdische Mahala Bjelave liegt; zwischen diesen großen Mahale befinden sich kleinere wie Bistrik, Mejtaš, Kovači, die ebenso wie die großen von einer Religion, einer Sprache, einem System von Bräuchen bestimmt werden.

Den Mittelpunkt der Stadt bildet die Čaršija, ein urbaner Raum, in dem nicht gewohnt wird, weil er Werkstätten, Geschäften und anderen Erwerbsformen vorbehalten ist. Sie enthält alles, was um sie herum, innerhalb der Umfriedungen, die sie von der Außenwelt trennen und schützen, existiert. In der Čaršija artikuliert und realisiert jede der Kulturen, die in den Mahale bestehen, ihre universale Komponente, weil in der Čaršija allgemeinmenschliche Werte, die natürlich jede Kultur enthält, realisiert werden – man geht einem Erwerb nach und sichert dadurch die ökonomische Existenzgrundlage in dieser Welt, und gleichzeitig werden in der Čaršija menschliche Solidarität, Kommunikationsbedürfnis, Offenheit gegenüber dem Anderen sichtbar. Denn die Menschen aus den Mahale, aus allen ringsum verteilten Mahale, begegnen sich in der Čaršija, kommunizieren, kooperieren, arbeiten und leben zusammen wie nebeneinander. Wand an Wand stehen die Geschäfte der Juden aus Bjelave, der Muslime aus Vratnik, der Katholiken aus Latinluk, der Orthodoxen aus Tašlihan … Und sie alle unterstützen einander, arbeiten zusammen oder gegeneinander, helfen oder betrügen einander, zeigen in dieser Zusammenarbeit oder in diesem Konflikt ihre elementare Menschlichkeit und realisieren so die Universalität ihrer

Kulturen, indem sie jene Komponente verwirklichen, die diese Kultur zu einer allgemeinmenschlichen macht. Die Čaršija hebt die Unterschiede auf, die wegen ihrer Zugehörigkeit zu verschiedenen Kulturen zwischen ihnen bestehen, weil sie sie in dem, was sie gemeinsam haben, was allgemeinmenschlich ist, gleichstellt – in der Arbeit, dem Bedürfnis nach materiellen Gütern, der Liebe und dem Neid, der Solidarität. Bei allen Unterschieden, die zwischen ihnen bestehen, sind alle in der Čaršija nur Menschen und Bürger Sarajevos, Händler oder Gewerbetreibende. Daher ist die Čaršija, der Mittelpunkt der Stadt, reines Innen und reine Offenheit.

Wenn sie die Čaršija verlassen, ziehen sich alle Sarajevoer aus der menschlichen Universalität in die Besonderheit ihrer jeweiligen Kultur zurück. Jede Mahala lebt nämlich das geschlossene Leben der Kultur, die in ihr statistisch überwiegt, so dass zum Beispiel Bjelave eine ausgesprochen jüdische Mahala ist, die in ihrem Alltagsleben konsequent und in Gänze alle Besonderheiten der jüdischen Kultur realisiert, ebenso wie man in Latinluk im Einklang mit den Besonderheiten der katholischen Kulturen, in Vratnik im Einklang mit den islamischen Kulturen und in Tašlihan mit den Besonderheiten der orthodoxen Kulturen lebt. Ein Katholik in Latinluk ist im gleichen Maße und auf die gleiche Weise Katholik wie einer, der in Rom lebt, genauso wie ein Muslim in Sarajevo mit einem Haus in Vratnik auf die gleiche Art und im gleichen Maße Muslim ist wie einer, der in Mekka lebt. Vielleicht sogar noch mehr, weil alle, die in Sarajevo leben, in ihrer unmittelbaren Nachbarschaft den anderen haben, im Verhältnis zu dem sie ihre Besonderheiten erkennen und ein klareres Bewusstsein von ihren Besonderheiten und ihrer eigenen Identität entwickeln. Latinluk berührt Bistrik, was bedeutet, dass sich die katholische und die muslimische Mahala, die katholische und die muslimische Kultur berühren; dank dieser Nachbarschaft und dieser ständigen Berührung erkennen der Katholik und der Muslim aus diesen Mahale ihre Besonderheiten klar und deutlich und entwickeln klar und deutlich ein Bewusstsein von ihren Identitäten. Indem ich den anderen entdecke, entdecke ich mich selbst, indem ich den anderen kennenlerne, erkenne ich mich selbst. So erweist sich die Mahala, die außen, als Grenze, als Rand, technisch gesehen offen ist, weil sie mit einer Seite zum Berg, zur Natur, zur Außenwelt hin geöffnet ist, als semantisch geschlossen, weil sich die Menschen in ihr innerhalb einer Kultur bewegen und mit ihrem Alltagsleben den Besonderheiten dieser Kultur genügen und sie verwirklichen.

Und so funktioniert das Spiel der Gegenüberstellung und der gegenseitigen Widerspiegelung von Offenheit und Geschlossenheit, Äußerem und Innerem als prägnanteste Eigenschaft Sarajevos, so wird die Spannung zwischen dem Äußeren und Inneren erzeugt, auf der vielleicht sogar die Existenz Sarajevos beruht. Die Čaršija ist technisch geschlossen und semantisch offen, und jede Mahala ist technisch offen und semantisch geschlossen; die Čaršija bedeutet Universalität, die Mahala Besonderheit und Konkretheit; die Čaršija ist von allem abgetrennt und deshalb enthält sie potentiell alles, während die Mahala zu allem hin geöffnet ist und sich deshalb auf der Ebene von Sinn und Bedeutung in ihre Besonderheiten einschließen muss, um zu bestehen, weil nur das besteht (in dieser äußeren Welt), was definiert und in eine einzelne Form eingeschlossen ist. Und die ganze

Zeit spiegeln sich die Čaršija und die Mahala, das Universelle und das Einzelne, das Offene und das Geschlossene, das Innere und das Äußere ineinander wie ein Gegenstand und sein Spiegelbild.

Das komplizierte Spiel des gegenseitigen Gegenüberstellens und Widerspiegelns von Äußerem und Innerem, auf dem das Bestehen und Funktionieren Sarajevos basiert und das sich im Verhältnis von Čaršija und Mahala so deutlich zeigt, könnte man in jedem Moment der städtischen Existenz und Lebensweise wiedererkennen. Zum Beispiel darin, wie die Bürger wohnen.

Die Sarajevoer leben in den Häusern am Hang des Bergs, an dem ihre jeweilige Mahala erbaut worden ist. Jedes dieser Häuser geht mit einer Seite, und zwar mit der Front, der Fassade, der Vorderseite, zur Straße, also zur Stadt, zur Čaršija, dem Mittelpunkt, hinaus und mit der anderen Seite zum Berg, zur Natur, zur Außenwelt. Auf der Vorderseite ist das Haus durch einen hohen Holzzaun, eine richtige Mauer abgeschlossen, welche die Fassade des Hauses von außen unsichtbar macht, während das Haus auf der Hinterseite, auf der dem Berg und der Natur zugewandten Seite, offen und ganz unverdeckt ist. Auf beiden Seiten des Hauses befinden sich Höfe oder Gärten. Auf der Vorderseite, zwischen der Mauer und der Fassade, liegt der vordere Hof, der völlig geschlossen und von allen Seiten umfriedet ist, während auf der Rückseite, vom Haus zum Berg, der Hinterhof liegt, der auf einer Seite geschlossen ist (durch das Haus) und auf der anderen offen (fast möchte es scheinen, dass er natürlich in den Berg übergeht).

Es ist offensichtlich, dass sich in der Struktur des Hauses, in der Struktur und der funktionalen Aufteilung seiner

Gärten das Spiel der umgekehrten Spiegelung wiederholt, das wir in der Struktur der Stadt und im Verhältnis von Čaršija und Mahale erkannt haben. Die Fassade des Hauses ist, wie gesagt, technisch geschlossen, weil sie von der Straße, der Stadt und der Čaršija und von allem, dem sie zugewandt ist, durch eine hohe Mauer abgetrennt ist, über die der menschliche Blick nicht reicht. Doch funktional und semantisch ist die Fassade offen (sie ist im Übrigen dem Mittelpunkt zugewandt, sie ist die »Innenseite des Hauses«), weil man von dieser Seite das Haus betritt, von dieser Seite Gäste hineingelangen, das Haus mit dieser Seite lebt und durch diese Seite sein Austausch mit der Welt stattfindet. Die Rückseite des Hauses, die technisch offen ist, weil das Haus nahtlos in den Garten, dann in den Berg, dann in die »reine Natur« übergeht, ist funktional und semantisch geschlossen, weil man auf dieser Seite nur aus dem Haus herauskommt. Von dieser Seite kommen nämlich keine Gäste, werden keine Lebensmittel gebracht, geht man nicht zur Arbeit; auf dieser Seite befindet sich ein Ausgang, den allein die Hausbewohner nutzen, um in den Garten zu gehen, so dass von Kommunikation, von einem Austausch zwischen Haus und Welt, der sich auf dieser Seite des Hauses abspielen würde, nicht die Rede sein kann.

Fast identisch verhält es sich mit den Höfen und Gärten. Der vordere Hof ist technisch vollkommen geschlossen, buchstäblich wie eine Muschel, weil er von allen Seiten entweder durch eine Mauer zur Straße hin oder durch das Haus abgetrennt ist. Man kann ohne die Zustimmung der Hausbewohner nicht hineingehen und nicht direkt hineinschauen. Aber er ist funktional und semantisch der offenste Teil des Raums, in dem die Hausbewohner vor der Welt

Zuflucht suchen: Durch diesen Hof kommen Gäste, Einberufungen und gerichtliche Vorladungen, Nahrung und Polizisten, durch diesen Hof kommt alles, was ins Haus eindringen möchte, und bei schönem Wetter sitzt man dort auch mit den Gästen. Der andere Garten, der hinter dem Haus, offen zum Berg und zur Natur hin, ist technisch ganz offen (nur von einer Seite ist er durch die Hauswand abgeschlossen), doch funktional und semantisch ganz geschlossen, weil diesen Garten nur die Hausbewohner betreten und einzig direkt vom Haus aus. Dieser Garten ist geschlossen für Gäste, geschlossen für alle Außenstehenden, beschränkt auf die Hausbewohner und ihren Aufenthalt darin, wenn ihnen danach ist und wenn sie es sich leisten können.

Aber auch im Haus selbst ist es so, weil das Haus, innerhalb der eigenen vier Wände, in einen offenen und einen geschlossenen, in einen Männer- und einen Frauenbereich geteilt ist. Im Männerbereich sitzen Gäste, in den Männerbereich kommen auch Fremde, im Männerbereich wird über Geld und Politik, über das Militär und die Lappalien des Weltgeschehens gesprochen; den Frauenbereich betreten jedoch einzig die Hausbewohner, und zwar auf Aufforderung von innen, im Frauenbereich des Hauses wird über das Essen und die Liebe gesprochen, in diesem Teil wird geliebt und werden Kinder geboren. So betrachtet, erweist sich der Wohnraum der Bürger von Sarajevo als Strukturmodell der Stadt, als verkleinerte Stadt, als kristallenes Mosaiksteinchen, in dem sich das ganze Mosaik widerspiegelt. Zwischen den einzelnen Teilen des Raums, in dem sich das private, intime Leben der Sarajevoer abspielt, stellen sich die Verhältnisse und das Spiel der Widerspiegelung von Offenem und Geschlossenem, Äußerem und Innerem her, die wir in der Struktur der Stadt, im Verhältnis von Stadt und Welt ringsum, im Verhältnis von Čaršija und den Mahale erkannt haben. Das gleiche Spiel lässt sich in der gastronomischen Kultur feststellen, das heißt bei den Ernährungsgewohnheiten der Stadtbewohner.

In Sarajevo wie in allen bosnischen Städten beruht die gastronomische Kultur auf zwei kulinarischen Paradigmen, von denen das eine äußerste Offenheit und das andere äußerste Geschlossenheit bedeutet. Das offene gastronomische Paradigma bilden verschiedene auf dem offenen Feuer zubereitete Fleischspeisen, die draußen gegessen werden – im Restaurant, auf einem Ausflug, im Haus, in dem auch Gäste anwesend sind. Das kann schlicht ein bestimmtes Stück Fleisch sein, das unter Zugabe von Gewürzen auf offenem Feuer gebraten und in einer offenen Schüssel, auf einem Stück sauberen Papiers oder auf einem Brett serviert wird, aber es kann auch ein etwas komplizierteres Werk der kulinarischen Kunst sein, das als solches dennoch einen hohen Grad von Offenheit realisiert. Vielleicht ist für dieses kulinarische Paradigma der Sarajevski Ćevap am charakteristischsten, ein Gericht, welches die Sarajevoer garantiert meistens draußen essen und das zweifellos zeigt, wie viel Offenes und Äußeres in der gastronomischen Kultur stecken kann.

Der Sarajevski Ćevap wird aus Hackfleisch und Gewürzen zubereitet. Das mechanisch mit Gewürzen gemischte Hackfleisch wird zu kleinen phallusartigen Röllchen geformt, auf dem offenen Feuer gebraten und auf einem Teller serviert. Kann es mehr Offenheit, mehr Äußeres, mehr enthülltes männliches Prinzip geben?!

Mit den Speisen des geschlossenen Paradigmas verhält

sich alles gerade umgekehrt. Diese Speisen werden innen zubereitet, im Haus, im Familienkreis, und sie werden aus einer Mischung von Gemüse, Fleisch und Gewürzen auf geschlossenem Feuer und in hermetisch verschlossenen Gefäßen gegart. Für dieses gastronomische Paradigma ist vielleicht die Gruppe von Speisen, die der Sammelbegriff Dolme (Gefülltes) umfasst, am illustrativsten, weil sie am charakteristischsten ist. Dolme werden aus einer Füllung und dem, was gefüllt wird, zubereitet, wobei die Füllung meist aus Hackfleisch, Reis, Gewürzen und verschiedenen Arten zerkleinerten Gemüses hergestellt wird. Das, was gefüllt wird, kann eine durch Herausdrehen des Stiels geöffnete Paprikaschote sein, kann eine ausgehöhlte Kartoffel sein oder eine Zwiebelhülle, kann ein Kraut- oder ein Wein-, ein Grünkohl- oder ein anderes Blatt sein, groß und weichgekocht genug, um darin ein aus der Füllung hergestelltes Kügelchen einzuwickeln. Wenn die Dolma mit Paprika, einer ausgehöhlten Kartoffel oder einem Zucchino gemacht wird, nimmt sie die Form des gefüllten Gemüses an, doch wenn sie mit einem Blatt umwickelt wird, hat die Dolma in der Regel die Form eines Balls oder einer Kugel, hergestellt aus der Mischung von Fleisch, Gemüse, Reis und Gewürzen. So sieht eine einzelne Dolma aus, und sind genügend davon vorbereitet, werden sie in ein amphorenartiges Gefäß geschichtet, das mit seinem eigenen Deckel oder einem fest um den Hals der Amphore gebundenen Pergamentpapier hermetisch verschlossen wird, und dann wird alles auf geschlossenem und gelindem Feuer gekocht, lange und gelinde genug, damit alle Bestandteile des Essens im eigenen Saft garen. Jeder Bestandteil in der Dolma muss seinen ursprünglichen Geschmack bewahren, und alle zusammen entwickeln einen ganz neuen, unendlich komplexen Geschmack, der sich mit nichts vergleichen und mit keinem Vergleich illustrieren lässt. Die Dolma ist, wie man aus dieser äußerlichen Beschreibung ersieht, ein dramatisch konstruiertes Gericht und demnach sehr charakteristisch für die dramatisch konstruierte bosnische Kultur, dieser Kultur ähnlich und ganz im Einklang mit ihren Gesetzen. Die Dolma verkörpert das weibliche Prinzip, das Innere, Geschlossene. Und ist daher tolerant, so sehr, dass man sie als misslungen betrachtet, wenn auch nur irgendeiner ihrer Bestandteile beim Garen seinen ursprünglichen Geschmack verliert.

Muss man die Verhältnisse, die zwischen den zwei Paradigmen der bosnischen gastronomischen Kultur hergestellt werden, explizieren? Muss man eigens erklären, dass sich in diesen Verhältnissen das Spiel wiederholt, das wir bereits in den Verhältnissen von Čaršija und Mahale, dem vorderen und dem hinteren Garten, dem Männer- und dem Frauenteil des Hauses erkannt haben? Muss man wiederholen, dass sich auch hier, in der gastronomischen Kultur, in jedem Teil von ihr, die Ganzheit der Stadt widerspiegelt, wie sich in einem Kristallkügelchen das ganze Mosaik widerspiegeln würde, von dem es ein Teil ist?

Muss man jetzt noch erklären, dass ein derart feines und derart kompliziertes Ganzes, wie Sarajevo es ist, in dem sich wie in einem Spiegel ganz Bosnien und Herzegowina spiegelt, zerbrechlich sein muss? Muss man eigens erwähnen, wie natürlich es ist, dass ein solches Ganzes die Gefangenen einer eindimensionalen Kultur anzieht und bezaubert, so wie eine Blume im Glashaus die »Wilden« anzieht und bannt? Aber auf jeden Fall muss man den grundlegenden Unterschied betonen: Der »Wilde« betrachtet gebannt die

Blume im Glashaus, wird aber niemals das Glashaus zerschlagen, um an die Blume zu gelangen, weil der »Wilde« fromm ist und als solcher weiß, dass dann der Zauber und der Bann, dessentwegen all das ja wertvoll ist, verfliegen würde; der Gefangene der eindimensionalen Kultur, die das menschliche Wesen auf seine Zugehörigkeit reduziert, starrt hingegen auf Sarajevo und umkreist es, doch dieses entzieht sich ihm wie die Blume aus dem Glashaus dem »Wilden«; aber dann zerschlägt der eindimensionale Mensch Sarajevo, weil er durch die scheinbare Kultivierung Frömmigkeit eingebüßt hat und die Fähigkeit, die Faszination zu genießen.

Marindvorer Fragmente

Marindvor (Marijin dvor – Marienhof) ist ein Stadtviertel, das während der österreichisch-ungarischen Herrschaft und während des ersten Jugoslawiens (1918-1941) die äußerste Peripherie von Sarajevo, den direkten Rand des Gebietes darstellte, das als Stadt betrachtet und als Stadt erfahren wurde. Auf der anderen Seite der Miljacka, einen knappen Kilometer von Marindvor entfernt, erhebt sich ein Berg, auf dessen Höhe der jüdische Friedhof liegt und an dessen Hang die Villen der vermögenderen österreichischen Beamten, Industriellen und Kaufleute stehen. Diese Villensiedlung heißt Kovačići und bedeutete in jener fernen Zeit die Grenze zwischen der menschlichen Siedlung und der Natur: Von Marindvor, am rechten Flussufer, und von Kovačići, am linken Ufer, breiteten sich Wiesen, Grassteppen, Sümpfe, Lagerhallen und andere Formen von Ödnis aus, welche die Städte umgeben.

Wie stark die Sarajevoer Marindvor zu der Zeit als ferne Peripherie erlebten, illustriert eine Anekdote, die ich von meinem Freund, einem Rechtsanwalt, gehört habe. In den ersten Tagen des zweiten Jugoslawiens, gleich nach dem Zweiten Weltkrieg, brachten die Behörden die neunköpfige Familie des Schusters Abid im Erdgeschoss des Hauses von Ćevapčići-Macher Ismet unter. In den fünfziger Jahren, fünf, sechs Jahre nach dem Krieg, heiratete Ismets Sohn und wollte im Erdgeschoss seines Elternhauses wohnen. Darüber unterhielt sich Ismet mit Abid und schlug ihm vor, bei den Behörden eine andere Unterkunft zu beantragen. »Du bist ein Proletarier«, sagte Ismet, »dir werden sie geben, was du forderst, weil sie euch Proletarier lieben.«

Mein Freund, der Rechtsanwalt, empfahl ihnen, Ismet solle bei Gericht Abids Auszug verlangen, und Abid solle dann demselben Gericht erklären, dass er mit dem Auszug einverstanden und ihm ein Umzug in eine andere Wohnung ganz recht sei. So verfuhren sie denn auch, und Abid erklärte, als er vor Gericht geladen wurde, feierlich: »Natürlich, ruhmreiches Gericht, ziehe ich dahin, wo es mir gesagt wird. Ich kann sogar in Marindvor leben, wenn es im nationalen Interesse ist und wenn meine Kinder ein Dach über dem Kopf haben.«

In Marindvor zu wohnen bedeutete für Abid wie für jeden anderen Sarajevoer seiner Generation, am Ende der Welt zu leben. Deshalb berührte mich diese Anekdote, eigentlich berührte mich Abids Bereitschaft, sich für seinen notleidenden Wohnungsgeber zu opfern und, wenn er sich auch opfern musste, entsprechend seinem Gefühl für Gerechtigkeit und Moral in zwischenmenschlichen Beziehungen zu handeln.

Das zweite Jugoslawien verschob durch den rasanten Aufbau großer Wohnsiedlungen die Stadtgrenze innerhalb weniger Jahre weit über Marindvor und Kovačići hinaus, so weit, dass Marindvor in den Sechzigerjahren bereits zum Stadtzentrum wurde. Als ich nach Marindvor zog, hatten die Behörden seinen Status als Mittelpunkt bereits bestätigt, indem sie am Rand dieses Viertels das Regierungs- und das Parlamentsgebäude der Republik bauten. Daher irritierte es die Angehörigen meiner Generation, dass die Moschee in der Nähe meiner Wohnung Magribija heißt, so hatte man sie in der Türkischen Zeit genannt, weil sie damals im äußersten Westen (magreb = Westen) gelegen, also weil sie damals die Westgrenze der Stadt gekennzeichnet hatte. Jetzt, in unserer Zeit, bildet Marindvor das Herz der Stadt, und hinter der Magribija befindet sich, viel weiter im Westen, eine Reihe von Gotteshäusern, teils aus der alten und teils aus der neuen Zeit.

Alles begann in den neunziger Jahren des 19. Jahrhunderts, als der Besitzer der Sarajevoer Ziegeleien, Herr August Braun, den Bau eines großen Vierflügelhauses mit Wohnungen in Angriff nahm, dem er den Namen seiner Frau Maria gab. Das Gebäude wurde in mehreren Phasen innerhalb einiger Jahre fertiggestellt, und es umschloss mit seinen vier Flügeln die große Fläche eines Innenhofs. Die vier Flügel bestimmten den Verlauf von vier künftigen Straßen des neuen Stadtviertels: eine zwischen Marijin dvor und der Magribija-Moschee, eine andere zwischen Marijin dvor und der Josefskirche, eine zum Fluss und eine zum Berg im Hintergrund. Jeder Flügel des Marijin dvor hatte zwei Eingänge, der Süd- und der Nordflügel hatten je drei Stockwerke und der West- und der Ostflügel jeweils zwei, während der Innenhof des Gebäudes schon damals mit Blumengärten, Platanen, Spazierwegen und Bänken zum Ausruhen geschmückt war.

Sehr schnell machten die Sarajevoer Marijin dvor zu Marindvor – als sie die Herrschaft der Österreicher und ihre Anwesenheit als Tatsache akzeptierten, mit der man sich abfinden musste, vor allem im Hinblick darauf, dass diese neue Macht viel und gut baute, sich bemühte, das, was sie baute, den Einheimischen vertraut und verständlich zu machen, und auch nicht allzu viel verlangte. In diesem Augenblick begannen die Sarajevoer mit den neuen Gebäuden warm zu werden, ihnen eigene Namen zu geben oder die Namen, die diese Bauten bereits hatten, wenigstens ihren sprachlichen Gepflogenheiten anzupassen, mit den Namen zu zeigen, dass sie das Neue als ihres akzeptiert hatten. Ein sicheres Zeichen für diese Aneignung war der Bau des Haliddvors (durch den Architekten Josef Gramer), das Wohn- und Geschäftshaus des reichen und angesehenen Sarajevoer Mustafa Hadžibaščaušević, mit dem das Stadtviertel definitiv erstanden war, das danach jahrelang die Westgrenze der Stadt darstellte, um nun, zu Beginn dieses Krieges, anerkannter Stadtmittelpunkt zu sein.

Wahrscheinlich wegen seiner zentralen Lage ist Marindvor ein für Sarajevo ausgesprochen charakteristisches Stadtviertel. Auf dem Raum von einem Quadratkilometer befinden sich die Magribija-Moschee als äußerste Westgrenze der türkischen Bautätigkeit, Marindvor und die Josefskirche als charakteristische österreichisch-ungarische Bauten, Haliddvor als Beispiel für die österreichisch-ungarische Suche nach einem bosnischen Baustil und die modernen Stahl-Glas-Konstruktionen der Parlaments- und Regierungsgebäude. Auf dieser Fläche von einem Kilometer waren der Hamburgerkiosk aus Plastik und der überladene Haliddvor versammelt, und mit einem Blick konnte man die bescheidene Magribija mit ihren Holzsäulen, die steinerne Josefskirche und das Regierungsgebäude aus Glas und Stahl oder das Hotel Holiday Inn umfassen.

Dann begann der Krieg, mit dem man all das teilen wollte, ein Krieg, der meiner Stadt eine »Militärästhetik«

aufzwingen wollte. Im ästhetischen Projekt der Generäle ist ein Nebeneinander von Türkischem, Österreichisch-Ungarischem und Jugoslawischem, Islamischem, Katholischem und Kommunistischem nicht möglich. Die Leidensgeschichte von Marindvor begann, das Auseinanderfallen und Auseinanderreißen der Teile, die es konstituieren. Mit meinem Leib und meinem Gedächtnis habe ich einige Details dieser Orgie, dieser militärischen Obsession mit unserer Stadt registriert. Um die Erinnerung erträglich zu machen, in der Hoffnung, mein normales Leben zurückerobern und mein Heim zurückgewinnen zu können, und sei es auch in der Sphäre des Idealen, habe ich ein paar Fragmente über die Umsiedlung von Marindvor ins Ideale, ins Gedächtnis, in die Schatten notiert.

Beschreibungen von Angst

I

Die erste Phase der Zerstörungswut erlebte Marindvor Ende Mai 1992, in der Nacht vom 27. auf den 28., wenn ich mich recht erinnere. Sie begann gegen einundzwanzig Uhr und dauerte bis vier Uhr morgens, und sie beschossen uns mit Raketen und den größten Artilleriegeschossen. In den ersten Monaten schossen sie meistens nachts, so dass wir den ganzen Tag lang übernächtigt und vor Schläfrigkeit wie betäubt waren. Es tagte bereits, als der Beschuss so weit nachließ, dass wir aus dem Keller herauskonnten. Weiß vor Angst, Schlaflosigkeit und einer speziellen Art von Müdigkeit, die wir bereits gut kannten und die eine durchwachte Nacht mit sich bringt, versicherten wir einander, wir fühlten uns »ganz gut, nur ein wenig müde« und gingen hinaus, um Marindvor zu inspizieren und zu sehen, ob etwas übriggeblieben war.

Am Ost- und am Südflügel unseres Hauses waren jeweils zwei riesige Löcher von etwa zwei Metern Durchmesser mit der schwarzen Aureole von der verbrannten Fassade darum herum, und an meinem, dem Westflügel, nur ein solches Loch. Die Platanen im Hof waren zerstückelt, eine junge Linde wie mit einem Beil gefällt, im Rasen und im Rosengarten gähnten zwei Krater. Um unser Haus herum sah es noch schlimmer aus: die Magribija-Moschee ohne Dach und Minarett, die Josefskirche ohne Dach, das Unis-Hochhaus ausgebrannt, auf der Straße ein paar riesige Krater …

Damals schaute ich mir mein Haus, nachdem ich etwa zehn Jahre darin gewohnt hatte, zum ersten Mal genau an. Damals sah ich zum ersten Mal, dass das Dachgesims mit Köpfen aus gebranntem Ton geschmückt ist, dass an der Fassade mit falschen Säulen die vertikale Grenze zwischen den Wohnungen markiert ist, dass jedes Stockwerk eine für sich charakteristische Fensterkonstruktion hat. Damals sah ich zum ersten Mal, dass mein Haus wirklich schön ist, und ich spürte, dass ich es liebe. Ich nahm auch eine Ähnlichkeit zwischen uns wahr, ich fand es schön, dass mein Haus so diskret, kaum sichtbar die Uniformität vermeidet und verschiedene Formen in sich vereint. Es war keiner dieser modernen Wohnkäfige, die anonym sein müssen, weil sie uniform sind, und daher hat mein schönes Haus zu Recht einen Namen, und zwar einen stolzen und schönen Namen.

Damals dachte ich nicht darüber nach – weder war ich fähig zum Nachdenken, noch hatte ich die Zeit für dergleichen Luxus, weil das zerbrochene Glas aus den Fensterrahmen herausgenommen werden musste, doch jetzt, da ich einige der Bilder, die mein Gedächtnis belasten, aufschreibe, könnte ich schwören, dass damals, gerade damals, als ich zum ersten Mal wahrgenommen habe, wie schön mein Marindvorer Haus ist, mich ganz das Bewusstsein durchdrungen und buchstäblich geschmerzt hat, dass ich mich von meinem Haus verabschiede. Bisher habe ich es wiedererkannt, doch nun sehe ich es; bis jetzt habe ich darin gewohnt, doch nun fühle und liebe ich es; das bedeutet, dass ich mich von ihm verabschiede, das bedeutet, dass es zu meiner Erinnerung wird, weil wir den vollen Wert von allem, dem wir begegnen, erst dann erhalten, wenn das, dem wir begegnet sind, aus dieser Welt ins Gedächtnis übersiedelt.

Warum, mein Gott, sehen wir viel besser in der Erinnerung als in der Wirklichkeit? Warum empfinden wir mit dem Gedächtnis klarer als mit den Sinnen? Warum habe ich mein Haus gesehen und liebgewonnen, als es anfing, zerstört zu werden? Als ich spürte, dass ich es zu verlieren begann.

Während ich das zerbrochene Glas aus den Fensterrahmen nahm, damit nicht ein größeres Stück auf die Straße fiel und einen zufälligen und unschuldigen Passanten umbrachte (was in der Stadt schon passiert war), starrte ich auf meine Hände, um mich ihrer Wirklichkeit zu vergewissern. Das ist die verheerende Wirkung eines solchen Krieges auf jene, die am besten wegkommen, auf jene, die nicht verwundet oder getötet werden: Sie verlieren das Vertrauen in die Wirklichkeit oder wenigstens in ihre Fähigkeit, diese Wirklichkeit zu erleben; sie verlieren die Welt, so wie ich mein Haus verloren habe, während ich es betrachtete und entdeckte, wie schön es ist.

Als nächste Aufgabe stand die zusätzliche Sicherung des Kellerfensters an. Die Bürger Sarajevos hatte der Angriff auf die Stadt völlig unvorbereitet getroffen, weil sie nicht geglaubt hatten, dass eine Armee, die ihnen ständig versicherte, sie sei ihre (die des Volkes), sie angreifen würde; aber auch die anderen, die nach dem Angriff derselben Armee auf Kroatien wussten, dass ein Angriff auf Bosnien folgen würde, hatten dem Terror ohne Sandsäcke in den Kellerfenstern entgegengesehen, weil es äußerst gefährlich war, sich sichtbar auf den Krieg vorzubereiten – die Jugoslawische Volksarmee hatte Bosnien so umfassend okkupiert, dass auf acht Bürger ein Soldat kam, und alle verhaftet, die öffentlich zeigten, dass ihnen die Absichten der Armee bewusst waren (wie übrigens jede Okkupationsarmee). So hatte auch ich keine Sandsäcke in den Fenstern, doch die vorherige Nacht und der riesige Krater, den eine Rakete in meine Straße gerissen hatte, überzeugten mich, dass jede Öffnung über der Erde dem Tod den Weg freimachte, um uns heimzusuchen.

Was wir an Ziegeln im Keller hatten, reichte nicht aus, und so beschloss ich Steinblöcke von der Ruine der Magribija-Moschee zu holen. Wie viele Raketen und Granaten hatten sie getroffen, dass sie so gründlich zerstört war? »Warum nimmst du die weg?«, fragte mich ein Nachbar, der wohl dachte, die Ruine sei mehr wert als ich, oder einer von den Optimisten war, die glauben, schon ein Stein, der von einem Kulturdenkmal zurückbleibt, habe einen kulturellen Wert. »Kann ich die nehmen?«, fragte ich den Imam der Magribija-Moschee, der dort stand. »Natürlich«, antwortete der Imam. »Wenn diese Steine jemandem das Leben retten oder wenigstens seine Angst verringern – sind sie wahrhaft heilig. Dazu sollen Gotteshäuser ja dienen, sie sind da, um uns von der Angst zu befreien.«

In Sarajevo gibt es leider immer weniger Gotteshäuser, dachte ich und trug einen großen Steinblock fort. Sie werden systematisch zerstört, wie alles andere, was die Identität und den kulturellen Wert der Stadt ausmacht, schnell und gründlich werden sie zerstört, so dass es immer weniger von dem gibt, was uns vor der Angst schützen könnte.

II

Ungefähr zehn Tage nach der großen Bombardierung versammelten sich meine Studenten und ich in der Akademie. Da der Haupteingang nach Trebević (einem beliebten und vielbesungenen Ausflugsziel der Sarajevoer) hinausgeht und deshalb zu gefährlich, eigentlich völlig unzugänglich ist, brachen wir ein Loch in die Hofmauer und bekamen so einen Durchlass zum Kellereingang.

Die Studenten freuten sich ungemein über diese Begegnung. Frohgestimmt räumten sie ihre Fakultät auf, planten ihre Arbeiten, begeisterten sich und plauderten. Vorsichtig und sehr weise schwiegen wir über die Professoren, die bei Kriegsbeginn weggegangen waren – die Studenten wussten, dass ich keine Kritik an diesen Professoren zulassen würde, während ich wusste, dass die Studenten die Argumente, mit denen ich meine Kollegen verteidigen würde, nicht akzeptieren würden. Deshalb schwiegen wir. Die Freude über den Neubeginn der Arbeit bedeutete uns viel zu viel, als dass wir sie durch Missverständnisse verdorben hätten, über die man nicht diskutieren kann, weil sie allein Gefühle betreffen – ich bin alt genug, um Ehrfurcht vor der Angst zu empfinden, sie sind zu jung, um sich von Puritanismus und ethischem Radikalismus befreien zu können. Und dieses Schweigen störte uns merkwürdigerweise nicht, obwohl es das erste Mal war, dass zwischen meinen Studenten und mir ein »verbotenes Thema« stand.

Wir vereinbarten, als Erstes an den Diplomaufführungen der Studenten zu arbeiten, die im vierten Jahr Schauspiel studierten. Einen normalen Unterricht für Studenten der unteren Studienjahre würden wir nicht organisieren können, aber wir würden den Diplomkandidaten helfen, ihre Prüfung zu machen. Und die jüngeren Kollegen würden die Grundlagen dennoch erlernen, indem sie die Älteren unterstützten und in deren Diplomaufführungen mitspielten.

Bitte arbeiten Sie so viel und so gut, wie Sie können, sagte ich zu den Studenten. Allein Ihre Arbeit kann Sie wenigstens einen Augenblick lang von der Angst befreien, Ihnen helfen, Ihre Menschenwürde zu bewahren, Ihnen die Empfindsamkeit und den Verstand erhalten. Die Menschen haben sich von uns abgewandt, das Glück hat uns verlassen, diese Welt entfernt sich von uns und so verlässt uns auch die materielle Wirklichkeit, an die zu glauben man uns beigebracht hat. Einzig unsere Arbeit hat uns nicht verlassen, noch schützt uns das, was wir lernen, und das Handwerk, dem wir dienen. Eine der Grundfunktionen der Kunst ist, die Menschen vor der Gleichgültigkeit zu schützen, und der Mensch ist am Leben, solange er nicht gleichgültig ist. Sie sind besser als die Herrschaften im Westen, die uns nicht helfen, obwohl sie es könnten. Sie sind besser, weil Sie lebendig sind, während jene gleichgültig sind. Sie empfinden Schmerz, Angst, Hunger und Durst, Sie empfinden Liebe und Wut ... Und wissen Sie, was die Jammergestalten dort tun, um etwas zu empfinden?! Vergebens, sie empfinden nichts, sie sind gleichgültig. Sie schauen sich unser Unglück an wie einen schlechten Film, aber sie sehen es sich nur deshalb so neugierig an, weil es in ihrem eigenen Leben nichts zu sehen gibt. Sie wundern sich über uns und schauen uns an, um überhaupt etwas zu sehen. Deshalb versichere ich Ihnen, dass Sie besser sind, obwohl Sie unglücklich sind, und deshalb bitte ich Sie, so viel und so gut zu arbeiten, wie

Sie können, weil Sie einzig in Ihrem Handwerk Zuflucht finden können. Dienen Sie Ihrem Handwerk, und es wird Sie vor allem, was Sie angreift, schützen wie ein warmer und dunkler Mutterleib.

Diese pathetische Rede brauchte ich ihnen nicht zu halten; eigentlich brauchte ich ihnen nichts zu sagen. Sie selbst waren dagegen, die Prüfungskriterien wegen des Krieges zu lockern, und sie selbst erarbeiteten einen Probenplan, verteilten die Rollen in den einzelnen Prüfungen, sie selbst besorgten die Requisiten und stellten die Bühnendekoration her. Sie arbeiteten besser als je zuvor im Frieden, unter normalen Bedingungen hätte ich gar nicht zu träumen gewagt, dass sie so anpacken würden. In weniger als zwei Monaten stellten sie vier Aufführungen auf die Beine, die in der ganzen Stadt gespielt wurden. Ohne elektrisches Licht, ohne Beleuchtung, ohne eine vom Zuschauerraum getrennte Bühne, ohne Dekoration, die hätte transportiert werden müssen. Buchstäblich ohne alles außer Schauspielern, die unbedingt spielen wollten, dem Text und Zuschauern, die nach dem Theater als einem wichtigen Element des normalen Lebens verlangten.

Bei den ersten Proben störten sie noch die Granaten, die in der Nähe niedergingen. Sie verloren die Konzentration, machten eine Pause, gaben für einen Moment auf und suchten danach wieder nach Mitteln, um die Handlung deutlich zu artikulieren. Aber mit der Zeit gewöhnten sie sich so sehr daran, dass sie schlicht nicht mehr auf die Granaten reagierten, während manche kühn nach Wegen suchten, die Granaten als »Bühneneffekt« oder Ausdrucksmittel in ihr Stück einzubauen. Ähnlich verhielt es sich mit den Zuschauern – anfänglich reagierten sie auf die Granaten, gaben sich der

Vorstellung dann aber mit größerem Genuss hin als jemals im Frieden. Wir fassten auch die Definition des Theaters in Sarajevo neu: Das Theater – das sind der Schauspieler und der Zuschauer in einer aktiven Wechselbeziehung, artikuliert durch den dramatischen Text und die schauspielerischen Mittel, in Abwesenheit von Granaten oder mit Granaten, die weit genug weg sind, um weder den Schauspieler noch den Zuschauer umzubringen.

Spezielle Anmerkung: Dieses Theater beschützt und bewahrt vor der Angst wie ein warmer Mutterleib oder eins der noch nicht zerstörten Gotteshäuser.

III

Den August über arbeitete ich an meinem neuen Roman, der den Titel *Scharijars Ring* tragen sollte. Treffender wäre es eigentlich zu sagen, dass ich versuchte zu arbeiten, dass ich mir weismachen wollte, ich arbeite und könne in der Arbeit Zuflucht vor der Wirklichkeit finden, die mir entglitt, und vor dem Leben, das unerträglich wurde. Ich arbeitete im Haus gegenüber, in einer Rechtsanwaltskanzlei im Erdgeschoss.

Eines Tages, Mitte August, sollte mich meine Frau dort gegen 17 Uhr zum gemeinsamen Essen in unserer Wohnung abholen. Da sie nicht kam, machte ich mich nach Hause auf, und so trafen wir uns in der Mitte unserer ziemlich schmalen Straße: »Sollen wir gleich essen oder soll ich dir zuerst vorlesen, was ich geschrieben habe?«, fragte ich meine Frau. »Lies es mir vor, zum Essen ist später noch Zeit«, antwortete sie, und wir gingen zur Kanzlei. Noch bevor wir eintraten, hörten wir eine entsetzliche Detonation. Ein Panzer, und zwar ganz in der Nähe, schlossen wir, schon allzu geübt im Erkennen der Artillerie, über die die Jugoslawische Volksarmee verfügte.

Vorlesen konnte ich natürlich nicht: Nach dieser ersten folgte eine ganze Serie von Detonationen, die es unmöglich machten, eine menschliche Stimme zu vernehmen (es ist interessant, dass die Menschen angesichts ihrer Werke und angesichts der Errungenschaften ihrer Wissenschaft immer häufiger verstummen), aber ich hatte, Hand aufs Herz, auch keine Lust zum Vorlesen. Zudem versammelten sich um uns rasch die Bewohner des Gebäudes, in dem sich die Kanzlei befand, da ihnen das Erdgeschoss als einziger Zufluchtsort vor den Granaten diente.

Die Bombardierung des Marindvor-Viertels hielt ungefähr drei Stunden an, so dass wir uns gegen 20 Uhr zum Essen aufmachen konnten (zum Lesen waren wir nicht mehr aufgelegt, dafür fehlten auch die technischen Voraussetzungen, weil wir nicht genug Öl für eine Lampe in der Wohnung und eine in der Kanzlei hatten). Meine Frau ging mit meinem Feuerzeug in ihr Zimmer direkt neben der Küche, um uns etwas zum Essen zu suchen, und kam sofort wieder zurück, mit leeren Händen. »Was hältst du von Faulkner?«, fragte sie mich. »Ich finde, manches von ihm ist wert, wenigstens einmal gelesen zu werden«, antwortete ich. »Tja, dann musst du mir seine Bücher schenken«, sagte sie und rief mich ins Zimmer.

Dort erklärte sich mir ihre Frage auf den ersten Blick: Ein großer Granatsplitter hatte den Holzrahmen des Fensters durchschlagen, das Glas des Bücherschranks zerbrochen und wie ein Messer die wegen Platzmangels in zwei

Reihen aufgestellten Bücher durchgeschnitten. Er hatte einen Erzählband von Faulkner getroffen, ein Buch mit Kritiken »Zugang zum Werk von Faulkner«, herausgegeben von meiner Kollegin Sonja Bašić, die Erinnerungen von Nadeschda Mandelstam und eine wunderschöne alte Ausgabe des »Grünen Heinrich« von Gottfried Keller, die ich in einem Antiquariat in Zagreb gekauft und ihr vor ein paar Jahren geschenkt hatte. Ich muss zugeben, die Bücherauswahl des Generals irritierte mich. Mandelstam ging in Ordnung, das leuchtete mir ein, ihre Erinnerungen waren im Zeichen des Unglücks und der Liebe geschrieben, und daher war es nur natürlich, dass die stalinistischen Generäle es hassten, der Granatsplitter es fällte, das Militär voll und ganz dagegen war; bei Faulkner habe ich mich, ehrlich gesagt, nicht gefragt, weil ich auch sonst nicht allzu viele Fragen an ihn habe, aber bei Keller ist mir bis auf den heutigen Tag nicht klar, was er an dem General der Jugoslawischen Volksarmee und seinen Granaten verbrochen hat.

Unser Sinn für Humor kam uns abhanden, als wir den Gang der Ereignisse rekonstruierten und feststellten, dass meine Frau oder wir beide in dem Augenblick, als sich der General den Büchern gewidmet hatte, in ihrem Zimmer hätten sein können. Wir hätten seinem mittels Granatsplitter zum Ausdruck gebrachten literarischen Engagement im Weg gestanden.

Lange danach war an arbeiten nicht einmal zu denken, und doch habe ich die ganze Zeit eine schöne Dankbarkeit gegenüber meiner Arbeit und gegenüber den Büchern empfunden. Ein weiteres Mal, dieses Mal ganz konkret, hat mich die Literatur vor der Wirklichkeit gerettet und vor denen, die diese Wirklichkeit diktieren wollen. Sie hat mir Zuflucht geboten und, was viel wichtiger ist, die Frau gerettet, die ich liebe.

IV

An einem Oktobertag suchte mich mein Kollege Zdenko Lešić auf, Professor für Literaturtheorie an der Philosophischen Fakultät und Vorsitzender des Schriftstellerverbandes von Sarajevo. Der Universitätsprofessor und angesehene Literaturtheoretiker kam in der Funktion eines Kuriers – um mir eine Einladung für eine Versammlung zu überreichen, auf der das PEN-Zentrum Bosnien und Herzegowina gegründet werden sollte. »Warum tragen gerade Sie die Einladungen aus?«, fragte ich erstaunt. »Sonst gibt es niemanden«, antwortete Kollege Lešić. »Ich kann das doch keinem anderen überlassen, weil dem, der herumläuft, alles Mögliche passieren kann, und ich könnte es nicht ertragen, wenn jemand umkommen oder invalid würde, weil er etwas für mich getan hat.«

Danach erklärte mir Kollege Lešić, die Gründung des PEN-Zentrums Bosnien und Herzegowina sei eine der wichtigsten Aktionen des Schriftstellerverbandes, eine Aktion, an der ihm besonders viel liege, und gerade deshalb wolle er alle mit dieser Aktion verbundenen Aufgaben persönlich übernehmen. Er wolle auf der Gründungsversammlung alle Leute dabeihaben, von denen er meine, sie sollten dabei sein, und ihm sei bekannt, dass ich alle Versammlungen und Zusammenkünfte meide, auch die mit Literatur verbundenen. Daher würde er, selbst wenn er keine Angst vor einem Unglück hätte, das jene treffen könnte, die in der

Stadt herumliefen, die Einladungen persönlich austragen, weil er unbedingt sicher sein müsse, dass alles genau so getan werde, wie es richtig sei. Aber auch wenn ein anderer die Einladungen zustellte, würde Kollege Lešić mich persönlich einladen, weil er meinen Widerwillen gegen jede institutionelle Organisierung von Schriftstellern und Literatur kenne, doch es sei wichtig, dass wir alle, buchstäblich alle, auf dieser Versammlung anwesend seien. Nicht um der Anzahl der Anwesenden willen, sondern um unser aller moralischer Verpflichtung willen, für das Bestehen der Kultur in unserer Stadt alles zu tun, was wir könnten. Solange wir die Literatur im Sinn hätten, solange wir uns grüßten, wie es unsere Erziehung verlange, und wir beim Essen ein Besteck benutzten; solange wir den Wunsch hätten, etwas zu schreiben oder zu malen, solange wir danach strebten, unsere Situation und unsere Gefühle durch das Theater auszudrücken – so lange hätten wir die Möglichkeit, als kulturelle Wesen zu existieren, unsere Stadt und die Toleranz, die in ihr herrscht, zu verteidigen, unser Recht auf das Zusammenleben der verschiedenen Nationen, Religionen, Überzeugungen zu wahren. Daher sei es wichtig, dass auf der Versammlung, auf der das PEN-Zentrum Bosnien und Herzegowina gegründet werden solle, wir alle anwesend seien, die wir anwesend sein sollten.

Gegen die Gründe des Kollegen Lešić hatte ich nichts einzuwenden, und daher brach ich zwei Tage später, an einem wunderschönen Oktobervormittag voller Licht und Farbe, wie er in Sarajevo wirklich selten vorkommt, zum Hotel Holiday Inn auf. Von meinem Haus zum Hotel muss man knapp fünfhundert Meter zurücklegen, aber jetzt konnte man diesen Weg wegen der Scharfschützen nicht nehmen.

Daher ging ich am ehemaligen Militärkrankenhaus vorbei, auf einem Umweg, der fünfmal so lang, aber etwas sicherer war oder wenigstens die Illusion von Sicherheit vermittelte, was in unserer Situation das Gleiche war. Als ich zu Hause aufbrach, waren Detonationen zu hören, aber ich redete mir ein, sie seien ziemlich weit weg und ich könne losgehen. Als ich durch die Straße ging, die den Namen des großen Dichters Silvije Strahimir Kranjčević trägt, die Straße, in der das Gebäude des Schriftstellerverbandes steht, und, was am wichtigsten ist, eine Straße, die relativ gut vor Scharfschützen geschützt ist, wurden die Detonationen zunehmend stärker, was bedeutete, dass die Explosionen näher kamen. Doch vor Granaten war auch sie nicht sicher, ebenso wenig wie jede andere Straße, weil, wie man in der Terminologie des Militärs sagen würde, jeder Punkt in unserer Stadt mit Artilleriefeuer zugedeckt werden konnte – jede Küche und jedes Schlafzimmer, jedes Krankenhausbett und jede Schulbank.

Dennoch ging ich weiter, überzeugt von den Gründen des Kollegen Lešić und sicher, dass ich verpflichtet war, mein Möglichstes für die Gründung und das Funktionieren des PEN-Zentrums Bosnien und Herzegowina zu tun: Mir ist zwar nicht klar, wie das PEN-Zentrum erreichen kann, dass auf der Welt etwas bessere Literatur geschrieben wird, und wie es eine viel wichtigere Sache erreichen kann – dass die geschriebene Literatur etwas besser gelesen wird, aber ich weiß, dass die Gründung eines solchen Zentrums heute, in der Situation, in die wir in Sarajevo gebracht worden sind, wichtiger ist als das Schreiben guter Literatur und eben auch als das gute Lesen von Literatur, denn sie, die Gründung, schützt unser nacktes Leben, weil sie eine neue kulturelle

Institution ins Leben ruft und weil wir unsere Stadt nur dank ihrer erhalten können, sie sind die »geistige Armatur« unserer Gesellschaft. In diesem PEN-Zentrum, in dem wir uns alle versammeln werden – Juden und Bosniaken, Serben und Kroaten, Türken und Albaner, alle, die hier leben, mit all ihren Unterschieden –, uns versammeln und miteinander reden werden, engagiert für eine gemeinsame Sache, mit der wir unsere gemeinsame Stadt und unser Recht, zusammen in ihr zu leben, verteidigen, in diesem PEN-Zentrum, sage ich, geht es um etwas Wichtigeres als darum, gute Literatur zu schreiben, um etwas Wichtigeres als jedes individuelle Vorgehen. Etwas Wichtigeres in diesem und nur in diesem Moment.

Daher ging ich starrköpfig weiter, wider die Vernunft und wider die eigene Angst, die durch die leere Straße verstärkt wurde. (Es ist interessant, wie eine leere Straße in solchen Zeiten die Angst verstärkt. In Friedenszeiten liebte ich leere Straßen, dieser Liebe wegen ging ich hauptsächlich nachts spazieren, wenn die Straßen leer genug waren, aber jetzt …)

In der neuen Marindvor-Siedlung, zwischen dem »echten Marindvor« und dem Bahnhof, fragte ich ein paar Soldaten, wie ich zum Hotel käme. Sie erklärten mir den Weg und rieten mir am Ende von einem Besuch ab, da intensiv geschossen werde. »Ich muss da aber hingehen«, antwortete ich, mich für die Erklärung bedankend, und dann versuchte ich, ein wenig zu scherzen. »Ich gehe das PEN-Zentrum gründen, und das ist sehr wichtig.« »Wenn es sein Schicksal ist, dass es gegründet wird, wird es auch ohne Sie gegründet«, antwortete mir ihr Kommandant. »Und Sie gehen schön in den Luftschutzkeller.« Er wies mit der Hand zu einer Tür in die Unterwelt und schickte einen Soldaten los, der alle eventuellen Passanten, besonders solche, die etwas gründen wollten, auffordern sollte, den Luftschutzkeller aufzusuchen. »Ich muss aber gehen«, sagte ich, gedrängt von einem Gefühl der Pflicht und des Stolzes, der mir nicht erlaubte, mich so leicht von meinem Entschluss abbringen zu lassen. »Mann, wir haben die Mittel, um Sie abzuhalten. Und die werden wir einsetzen, wenn Sie nicht gehorchen«, sagte ohne sichtliche Nervosität der Kommandant, mit dem ich sprach. »Aber es trifft doch mich, wenn etwas passiert«, wandte ich unwillig ein. »Mich würde das nicht stören«, antwortete der Kommandant, »und ich würde Sie deswegen nicht abhalten. Aber ich muss Sie dann herausholen und beerdigen, wenn Ihnen etwas zustößt, und dazu habe ich nicht die geringste Lust.«

Gegen derart starke Argumente konnte ich nichts ausrichten, und so begab ich mich in den Keller, den sie stolz als Luftschutzraum bezeichneten. Dort befanden sich schon viele Leute, die man auf der Straße aufgesammelt hatte, als der Angriff auf die Stadt begonnen hatte, und sie waren lange genug da, um Grüppchen zu bilden, in denen man sich unterhielt, so dass ich mich abseits halten konnte, allein mit meinen Fragen.

Die Detonationen wurden so stark und kamen so nah, dass ich mehrmals dachte, für das PEN-Zentrum Bosnien und Herzegowina sei es ja vielleicht besser, wenn es ohne mich gegründet würde, und an den ruhigen Kommandanten, der mich ungern beerdigen würde, dachte ich einige Male mit milder Dankbarkeit. Hat es Sinn, den Weg fortzusetzen, wenn der Angriff etwas schwächer wird? Wird man die Gründungsversammlung trotzdem abhalten? Wie und wo haben die Kollegen Unterschlupf gefunden, die sich aus einem entfernteren Stadtteil aufgemacht haben? Und die wesentlichste, schmerzlichste Frage, die mir nicht erlaubte, mich zu einer der Gruppen zu gesellen, in denen sich die Leute unterhielten: Was ist mit meiner Frau, die zu dieser Zeit beim Rundfunk sein und über Aktionen sprechen sollte, um Kindern zu helfen, die zu Invaliden geworden waren, und Kindern, die niemanden mehr hatten und von den humanitären Organisationen in Obhut genommen werden mussten.

Als das Bombardement nachließ, machte ich mich auf den Heimweg, während ich mir ständig vorsagte, dass ich Dragana, meine Frau, zu Hause antreffen würde. Die Kollegen, die von ihren Schutzräumen zum Hotel weitergingen, versammelten sich doch und gründeten das PEN-Zentrum Bosnien und Herzegowina, womit sie mir eine Lektion in Starrköpfigkeit und Glauben an das Gute erteilten. Mein Kollege und Freund Tvrtko Kulenović, der Vorsitzende des PEN-Zentrums Bosnien und Herzegowina, erzählte mir den genauen Hergang der Gründungsversammlung, nachdem er mir den Schutzraum beschrieben hatte, in dem er untergekommen war. Anschließend tröstete er mich freundschaftlich über meine Abwesenheit von der Versammlung, indem er mir versicherte, ohne mich sei alles genau so gewesen, wie es mit mir gewesen wäre. Aufs Haar. Und wichtig sei allein, dass man arbeite, dass man wenigstens ein Mindestmaß an kulturellem Leben erhalte.

So also habe ich das PEN-Zentrum Bosnien und Herzegowina gegründet.

Teilung der Scham

I

Anfang November 1992 ging ich an einem schönen und relativ ruhigen Morgen los, um Wasser zu suchen. Vor der Wohnungstür im Erdgeschoss saß auf einem der Stühle, auf denen wir sitzen, wenn die Stadt »in Maßen bombardiert« wird, eine Nachbarin und weinte. Ich fragte sie, warum sie denn weine und ob ich ihr helfen könne, aber die Nachbarin winkte ab und weinte weiter. Auf mein beharrliches Nachfragen antwortete sie nach etwa zehn Minuten, sie weine, weil ihre Kinder bei ihr, in Sarajevo, seien.

Am Morgen war die Nachbarin Radmila mit ihren zwei kleinen Mädchen fortgegangen. Sie war mit der UNPROFOR nach Frankreich ausgereist, um dort ihre ältere Tochter Nana operieren zu lassen, die Mitte Juli in unserem Hof von einem Granatsplitter im Gesicht verletzt worden war. Von Juli bis November hatte Nanas Sehkraft stark nachgelassen, aber in den Krankenhäusern von Sarajevo hatte man sich nicht an eine Operation gewagt.

Deswegen weinte Frau Marija. Sie weinte, weil ihr Kind nicht verletzt und also bei ihr in Sarajevo war.

Als mir das klar wurde, begriff ich, dass meine Stadt in diesem Moment nicht wirklich war, weil sie die Wirklichkeit, die ich kannte, verkehrte, wie ein Spiegel eine Gestalt verkehrt herum zeigt: Alles, was in der wirklichen Welt Freude, Genuss und Schönheit war, wurde hier und heute zu Schmerz. Bis in den späten Nachmittag sann ich darüber nach, mit meinen Einfällen zum Spiegel und zur Nicht-Wirklichkeit versuchte ich, mich gegen die Bitterkeit zu wehren, die sich während des morgendlichen Gesprächs in mich eingeschlichen hatte, aber am Abend brach, ganz gegen meinen Willen, eine Frage durch, die laut von meiner Zunge ausgesprochen wurde: Gott, warum hast du zugelassen, dass eine Mutter klagt, weil ihre Kinder bei ihr sind?

II

Im Dezember desselben Jahres half ich meiner Frau, die die Kinderhilfsorganisation »Naša djeca« leitete, die von Sarajevoer Bürgern gesammelten Altkleider hereinzuholen und zu ordnen. Wir waren mitten in der Arbeit, als ein Mann kam, der etwas Warmes für seinen vierjährigen Sohn suchte. »Wenn es etwas gibt«, betonte er, »das nicht von der UNICEF kommt.« Ich wusste, er stellte diese Bedingung, weil die humanitäre Organisation Sarajevo und seine Bürger schrecklich hatte erniedrigen wollen: Anfang November hatte sie die Woche des Kindes verkündet und dann Kleidung, die sie in Belgrad von serbischen Fabriken gekauft hatte, nach Sarajevo gebracht. Ein solches Vorgehen der UNICEF schien mir natürlich, weil es völlig legitim ist, dass eine Organisation der UN als erste offiziell und öffentlich das eigene Handelsembargo gegen den Aggressor verletzt, aber meine Mitbürger, die beharrlich bis zum Starrsinn an den Westen, die Vereinten Nationen etc. glauben wollen, hatte der Vorfall mit der Kinderkleidung, die uns die UNICEF schenken wollte, zutiefst gekränkt. So sehr gekränkt, dass sie sich weigerten, auch nur irgendetwas anzunehmen, wenn es von der

UNICEF kam, worüber mir meine Frau bereits während der glorreichen Woche des Kindes berichtet hatte. Daher überraschte mich die Bedingung meines Mitbürgers nicht, der seinen Sohn lieber in eine Decke hüllen wollte, als ihm ein Geschenk der humanitären Organisation UNICEF anzuziehen.

Ich versuchte, mit ihm zu reden und ihn umzustimmen, obwohl ich seine Meinung teilte. Ich sagte, es sei falsch, die ganze UNICEF über einen Kamm zu scheren, weil es sich um einen anonymen Beamten handele, der auf seine Pensionierung warte, ich sagte, dieser Beamte habe uns nicht erniedrigen wollen, denn er sei gleichgültig, so gleichgültig, dass er schon lange nicht einmal seine eigenen Erniedrigungen mehr wahrnehme, geschweige denn, andere erniedrigen wolle. Ich sagte ihm, er solle sich nicht um Schlafmützen bei der UN kümmern, sondern um sein Kind, und dass dieses Kind das einzig Wichtige sei.

»Mein Kind hat, Gott sei Dank, alles, was es braucht«, antwortete mein Mitbürger auf den Wortschwall, mit dem ich ihn zu überzeugen versuchte, übrigens umso beredter, je weniger ich hinter dem stand, was ich sagte. »Was hat es denn?«, fragte ich wütend über meinen Misserfolg. »Es hat die Möglichkeit zu sterben«, erwiderte er.

Auf dieses Argument versuchte ich erst gar nicht zu antworten. Ich weiß, auch das ist Gleichgültigkeit, ich weiß, mein Mitbürger und ich sind genauso gleichgültig wie die, denen wir Gleichgültigkeit vorwerfen, aber ich weiß, unsere Gleichgültigkeit ist völlig anders geartet. Ich weiß, der Ausweg, den wir entdeckt haben, hängt, Gott sei Dank, nicht von der UN, dem Westen und gleichgültigen Beamten ab. Noch heute empfinde ich eine schöne Dankbarkeit gegenüber meinem Mitbürger, von dem ich noch nicht einmal erfahren habe, wie er heißt.

III

Am selben Tag bekam ich einen Brief von Albert Goldstein. Ich weiß nicht, wie er nach Sarajevo geriet, ich weiß nur, dass ein Freund ihn mir aus dem Krankenhaus mitbrachte und dass er ungewöhnlich lang war – zwei große Seiten, beschrieben mit winzigen und beinahe unleserlichen Buchstaben.

In dieser Jahreszeit legt sich die Dunkelheit in Sarajevo bereits am frühen Nachmittag über die Erde, so dass uns der Brief des Freundes vor eine schwere Wahl stellte: Wir können ihn nicht lesen, solange Gottes Tag ist, weil wir das Licht nutzen müssen, um Trinkwasser und etwas zum Essen zu beschaffen, und nachts können wir es nicht, weil die Handschrift von Goldstein zu klein ist, um bei einer Öllampe gelesen zu werden. Ein paar Tage trug ich den Brief ungelesen mit mir in der Tasche herum, ohne dass es mir gelang, mich zwischen dem Wunsch, die Worte des Freundes zu lesen, und der Notwendigkeit, Öl zu sparen, zu entscheiden.

An meiner Stelle entschied wie in so vielen anderen Dingen die Jugoslawische Volksarmee. Eines Nachts schossen sie mit Panzern und Artillerie auf Marijin dvor und verletzten einen Nachbarn schwer. Am nächsten Tag waren wir müde, traurig, hoffnungslos, und so fiel meiner Frau der Brief ein, der bewies, dass wir nicht allein auf der Welt waren. (Nicht die Tatsache, dass du denkst, ist der Beweis für dein Sein, wie ein weiser Herr glaubte. Den Beweis, dass du wirklich bist, erbringt dir, dass ein anderer an dich denkt.) Ich richtete zwei weitere Öllampen her, legte den Brief auf den Tisch, stellte die drei Öllampen darum herum und begann die Handschrift von Goldstein zu entziffern. Drei Abende verbrauchten wir verschwenderisch Öl, um den Brief zu lesen, der mit freundschaftlicher Sorge und mitfühlendem Verständnis für unsere Probleme verfasst worden war. Diese Verschwendung nahm uns das Öl, aber dafür erneuerte sie unsere Hoffnung, das Gefühl, wirklich zu existieren, den Wunsch, noch einmal mit lieben Menschen zu reden. In unserem persönlichen Kalender, dem einzigen, der im Krieg Sinn hat, vermerkten wir die drei über dem unleserlichen Brief des Freundes verbrachten Nächte als »Orgie des Trostes«. Falls ich Goldstein irgendwann sehe, werde ich mich nicht vergewissern, ob er sich daran erinnert, was er in dem Brief, den ich trotz des großen Ölverbrauchs nicht ganz gelesen habe, geschrieben hat – ich könnte es ihm nicht verzeihen, wenn er sich nicht erinnern würde, obwohl das eigentlich unwichtig ist.

IV

Mitte Januar 1993 besuchten mich ein amerikanischer Journalist und seine Übersetzerin, meine Freundin Aida Čerkez. Kaum hatten wir uns hingesetzt, schlug eine Panzergranate in das Dach meines Hauses ein, und wir stürzten in den Keller. Unten sagte ich zu dem Journalisten »Na, so halt«, als Antwort auf seine Frage: »Wie fühlen sich die Bewohner von Sarajevo jetzt?«

Der Journalist lachte säuerlich über meinen Witz und wiederholte seinen Wunsch, von mir zu erfahren, wie sich die Bewohner von Sarajevo jetzt fühlten, wo sie definitiv begriffen hätten, dass die sogenannte Welt buchstäblich nichts zu ihrer Rettung tun würde. Da ich nicht wusste, was ich auf eine solche Frage sagen sollte, und nicht bereit war, vor einem unbekannten Mann meine Gefühle auszubreiten, und das auch noch vor all meinen Nachbarn, gab ich weise Sprüche über die Produktivität der Niederlage zum Besten, darüber, dass aus dem Zweiten Weltkrieg allein die Deutschen und Japaner, die den Krieg ja verloren haben, Nutzen gezogen hätten, darüber, dass es ein großer Gewinn sei, sich von seinen Irrtümern zu befreien. Ich sagte dem Journalisten, und redete es mir selbst ein, dass meine Studenten und ich, falls wir überlebten, von diesem Grauen nur Nutzen haben könnten, weil Kunst ja aus Niederlagen geschaffen werde, die höchst menschlich seien. Der praktische Amerikaner, nicht gefasst auf meine Sprüche und meine skeptische Suche nach Nuancen, fragte, warum wir (die Bewohner Sarajevos) einer Teilung Bosniens und der Stadt denn nicht zustimmten, wenn das der Weg zum Frieden sei.

Ich antwortete, ich würde begeistert zustimmen, wenn er einen Vorschlag mache, wie die Teilung von Bosnien und Sarajevo denn durchgeführt werden solle. Da wir im Keller waren (rings um das Gebäude gab es buchstäblich einen Granatenhagel), konnte ich dem Amerikaner konkret, am Beispiel meines Hauses und seiner Bewohner, die hier, um uns herum, waren, ein Muster für die ethnische Struktur von Bosnien und Sarajevo liefern. Nacheinander auf meine Mitbewohner zeigend, verdeutlichte ich, dass von den zehn Ehepaaren, die in den zehn Wohnungen meines Hauses lebten, lediglich ein Paar derselben Nationalität angehört. (Diese Tatsache nahm auch ich erst in diesem Moment wahr.)

»Wie will man das denn teilen?«, fragte ich. Wenn Sarajevo geteilt würde, könnte ich nicht baden, weil die Badewanne in der serbischen Provinz meiner Frau bliebe, aber dafür könnte sich meine Frau nicht einfach waschen, weil das Waschbecken in meiner Provinz bliebe. Und so verhält es sich mit neun von zehn Wohnungen, so viele es im Haus gibt. Ich fürchte, das ist sogar für einen Teilungsplaner mit den Fähigkeiten eines Herrn Vance kompliziert.

Der Amerikaner folgerte höchst logisch, dass man auf uns schieße, weil es denen, die schießen, und denen, die sie daran hindern könnten, es aber nicht tun, nicht gelinge, das zu teilen, was unteilbar sei. »So ist es«, stimmte ich zu, begeistert von der Logik meines Gastes. Was uns passiert, könne man mit der Wut eines Mathematiklehrers auf seinen Schüler vergleichen, der unentwegt eins herausbekommt, wenn er eins mit eins malnimmt; am Ende ermordet der zornentbrannte Lehrer seinen Schüler, obwohl der arme Schüler kein anderes Ergebnis herausbekommen konnte und nur die Aufgabe löste, die ihm der Lehrer gestellt hat. »Sonst wären Sie mit einer Teilung einverstanden?«, vergewisserte sich der Amerikaner. Aida und ich stimmten der Teilung im Namen meiner Nachbarn zu, wenn man uns unsere Wohnungen, unsere Ehen und unser Leben ließe (»Karadžić ist im Übrigen Arzt und kein Standesbeamter, und es ist nicht seine Aufgabe, uns zu scheiden«, bemerkte meine Frau).

»Ich verstehe nicht, warum Sie dann das alles hier ertragen«, schloss der amerikanische Journalist am Ende, und wir schauten uns traurig und zutiefst schuldbewusst an. »Sie leiden ganz unschuldig«, wiederholte der Journalist, als er keine Antwort bekam.

»Die begreifen gar nichts«, sagte Aida nach einer langen Pause. »Weil sie nicht leiden«, sagte ich. »Leiden ist eine wichtige Form von Erkenntnis, es vermittelt gewisse Kenntnisse, die man nur so erlangen kann, aber diese Kenntnisse überlassen wir gern anderen.« »Ich würde meine niemandem überlassen«, sagte die schöne Aida. »Glaubt mir, ich würde mit keinem von ihnen tauschen.«

Vom menschlichen Neid

Die Belagerung Sarajevos erinnert in vielem an die Kriege des Mittelalters und die Belagerungen damaliger Städte, die auf diese Methoden der Kriegführung viel besser vorbereitet waren. Sie erinnert an diese Kriege nicht nur durch die völlige Umzingelung der Stadt und die Kriegstaktik der »verbrannten Erde«, sondern auch durch die »Hilfsmittel«, mit denen Krieg geführt wird. Bei »Hilfsmitteln« denke ich natürlich nicht an die Waffen, die in diesem Fall ganz modern und viel mörderischer sind als die mittelalterlichen, sondern an die Art, diese Waffen einzusetzen, und an die Vorgehensweisen bei der Kriegführung, ich denke an Mittel, die keine Waffen im Sinne materieller Gegenstände sind, wohl aber Mittel zum Töten von Menschen. Charakteristisch für diese indirekten Mittel der Kriegführung ist das Ermorden der Stadt und ihrer Bewohner durch Hunger, Durst, Entzug der existentiellen Grundvoraussetzungen. Die Jugoslawische Volksarmee lässt nämlich seit Beginn der Belagerung kein Wasser und keinen Strom, keine Lebensmittel und keine Medikamente, kein Heizmaterial und keine Artikel für den hygienischen Grundbedarf nach Sarajevo hinein.

Diese Methode der Kriegführung ist, soviel ich weiß, zum ersten Mal während des Kreuzzugs des französischen Königs und des Grafen Simon de Montfort gegen die Katharer, Patarener, Albigenser oder wie sie auch heißen im Languedoc eingesetzt worden und hat sich als erschreckend effizient herausgestellt. Herr Simon de Montfort und seine Nachfolger belagerten die Städte auf die gleiche Art, sie umzingelten sie vollständig und trieben sie in den stillen Tod, indem sie ihnen Lebensmittel und Wasser vorenthielten (z.B. Montségur, zehn Monate belagert und dann im März 1244 völlig vernichtet).

Bosnien war zu jener Zeit ein anderes Patarenerland, von der Patarenerpest nicht weniger angesteckt als das Languedoc, wenn nicht sogar umfassender und gründlicher. Aber die bosnischen Patarener kamen damals gut davon, viel besser als ihre Brüder in Frankreich, wenigstens insofern, als sie nicht von den französischen Kreuzzüglern (sondern von den ungarischen) angegriffen wurden und man sie nicht bis auf den Letzten niedermachte und verhungern ließ. Ist nun die Zeit gekommen, wo die Bosnier, die seit eh und je eine Art Patarener waren, weil sie immer »etwas Drittes« waren oder sein wollten (Tertium datur, scheinen die Bosnier entgegen der Meinung der höchsten Autoritäten unentwegt zu sagen), das Schicksal ereilt, dem sie mit Hilfe ihres Guten Gottes zur Zeit des Herrn Simon de Montfort entronnen sind? Man lässt sie verhungern und zerstört ihre Städte mit einer Leidenschaft, die man seit der Zeit von Herrn de Montfort nicht gesehen hat, und zwar mit der warmherzigen Hilfe von de Montforts Nachkommen, die Frankreich heute regieren. Ist es möglich, dass die leidenschaftliche Seele des Herrn de Montfort bis heute nicht zur Ruhe gekommen ist, sondern noch immer, heute im Körper und in der Uniform eines Generals der Jugoslawischen Volksarmee, die patarenischen Länder in Staub und Asche legt und den patarenischen Samen unter den Menschen austilgt? Eigentlich alle Menschen außer den bewährten eigenen Leuten, weil in jedem der patarenische Samen stecken könnte, der, wie zu befürchten steht, widerstandsfähig genug ist, um die leidenschaftliche Seele von de Montfort niemals zur Ruhe kommen zu lassen.

Er ermordet auch Serben, die nicht zu seinen bewährten Leuten zählen. Er ermordet sie im Namen des Serbentums, wie er damals Christen im Namen des Christentums ermordet hat. »Tötet sie alle, Gott wird die Seinen schon erkennen, wenn sie zu ihm kommen«, antwortete Papst Innozenz III. auf die Frage, was die Kreuzzügler tun sollten, weil es in Montségur auch Rechtgläubige gebe. So auch jetzt, nur mit anderen Namen. Warum und wie lange noch, um alles in der Welt?!

Ist es möglich, dass er uns alle nur deshalb umbringen will, weil wir die Nachkommen der bosnischen Patarener sind, die zu vernichten er im Hochmittelalter versäumt hat, damals, als er die französischen Patarener mit Feuer und Hunger vernichtete? Ist es möglich, dass irgendwo im geheimen Buch der Geschichte geschrieben steht, schon zu jener Zeit geschrieben stand, dass Bosnien zerstört werden müsse, und man jetzt das damals begonnene Unterfangen vollendet?

Solche Fragen wälze ich jedes Mal, wenn ich zum Wasserholen in den Keller des Gebäudes gehe, das einmal das Parlament der Republik Bosnien und Herzegowina war und nun eine traurige Ruine ist. Diese Fragen wälze ich nicht, weil mich der Gang in den Keller zum Nachdenken über die historische Unvermeidlichkeit und über den bizarren Hang der Geschichte, gewisse Gestalten (z.B. Herrn de Montfort) wiederkehren zu lassen, inspirierte; ich wälze sie, weil der Weg zu diesem Keller, einer von drei Stellen, an denen es manchmal Wasser gibt, sehr gefährlich ist und ich mit meinen Grübeleien über die Logik der Geschichte versuche, meine Angst zu zerstreuen. Doch diese Angst nimmt höllisch zu, wenn ich so nachdenke, weil mir die Analogie zwischen dem heutigen Bosnien und dem damaligen Languedoc jede Hoffnung raubt. Trotzdem grüble ich, stelle ich Analogien her, suche ich in der Geschichte Modelle für das heutige bosnische Schicksal.

Mitte Januar 1993, an einem eisigen Tag mit einer Temperatur von minus 17 Grad Celsius, erinnerte ich mich an einen Fall, der vielleicht das erste Beispiel für die Anwendung von Hunger und Durst zu militärischen Zwecken und das erste Beispiel für ein Konzentrationslager in der Geschichte ist. Ich erinnerte mich an das unrühmliche Schicksal junger Athener, die sich nach Sizilien zu einem Feldzug gegen Großgriechenland aufgemacht hatten, um eine Wendung im Peloponnesischen Krieg herbeizuführen. Sie wurden von ihren überseeischen Brüdern, Griechen, in einen verlassenen Steinbruch eingeschlossen und dort bei so viel Essen und Wasser gehalten, dass es zum Leben zu wenig und zum Sterben zu viel war.

Ich stand in der Schlange und schaute, ob ich mich mit jemandem darüber unterhalten könnte. Es wäre gut, ein wenig zu reden, mein Gesprächspartner und ich könnten uns gegenseitig trösten, wenn wir lange genug wiederholen würden, was für ein großes Glück es sei, dass Sarajevo in einer gemäßigten Klimazone liegt – was und wie es wäre, wenn wir bei dem wenigen Essen und Wasser im heißen sizilianischen Klima leben müssten, und das auch noch in einem verlassenen Steinbruch. Die Ruinen, die von unserer Stadt übriggeblieben sind, schützen immerhin vor Kälte und heißer Sonne, sie schützen so gut, dass man das alles bis jetzt irgendwie ertragen hat, dachte ich selbstzufrieden, versuchte ich eigentlich, selbstzufrieden zu denken, und sagte mir vor, derartige Gedanken könnten die Kälte verringern, die Angst, das Bedürfnis, anderswo zu sein, wenn dort, anderswo, auch nicht mein Schicksalsort wäre.

Mir schien, der ernste Herr, zwei Plätze vor mir in der Wasserschlange, könnte ein interessanter Gesprächspartner sein und die Gabe besitzen, einem beim Plaudern Mut zu machen; er sah aus wie ein pensionierter Oberstufenlehrer, und solche Menschen sind immer für ein intelligentes Gespräch über relevante Themen zu haben und immer bereit, über eine bessere Zukunft und gute Aussichten zu sprechen. So müssen sie sein, das ist ihre *déformation professionelle*, weil Oberstufenlehrer wie Politiker Berufsoptimisten sein müssen. Es wäre gut, wenn dieser Oberstufenlehrer einer wäre, in diesem Augenblick brauche ich wirklich einen Berufsoptimisten, ein Königreich für einen Mann, der Optimismus verbreitet, auch wenn er und ich wissen, dass er lügt. Ich beschloss, ihn anzusprechen, aber ich wagte es nicht, bevor ich mir nicht eine Methode ausgedacht hätte, das Gespräch abzubrechen, falls sich herausstellte, dass ich mich geirrt hatte und mein Gesprächspartner kein Berufsoptimist war, sondern einer von den Leuten, von denen es in Sarajevo immer mehr gab, die überall auf einen Gesprächspartner lauerten, um ihm all das Schreckliche zu erzählen, das uns umgab, und das noch Schrecklichere, das uns erst noch erwartete. Bereits im Sommer hatte ich bemerkt, dass sich solche Leute vermehrten, und seit dem Sommer suchte ich eine Methode, mich vor ihnen zu schützen, weil ich keinerlei Grund sah, ihrer List, die ich als Märtyrertaktik bezeichnet habe, zum Opfer zu fallen. Sie greifen sich nämlich einen Gesprächspartner, schütten ihm ihr Herz aus, erklären ihm, es gebe nichts mehr zu hoffen, und gehen erleichtert weg, wenigstens insoweit, als ein Gespräch über Not die Not verringern kann. Und der Gesprächspartner bleibt zurück, beladen mit seiner eigenen Not und zusätzlich noch mit ihrer. Sie handeln also, wie »professionelle Märtyrer« handeln, eine unmögliche Sorte Mensch, jemand, der mit seiner Empfindsamkeit, seinem unaufhörlichen Leiden und seiner Güte alle um sich herum erpresst und ständig wenigstens einen Teil seiner Probleme auf alle anderen abwälzt. Ich musste mir etwas einfallen lassen, um mich vor ihm zu schützen, falls auch er sich von seinem Charakter her als neuer Märtyrer entpuppte, wie sie sich in Sarajevo vermehrt hatten, seit der Krieg so schwer zu ertragen war.

Bevor ich mir etwas Kluges einfallen lassen konnte, begann sich in der Schlange hinter mir Unruhe auszubreiten, als wäre etwas Ungewöhnliches geschehen, und mein verhinderter Gesprächspartner drehte sich um und begab sich ans Ende der Schlange. Andere folgten seinem Beispiel, und so ließ auch ich meine Kanister zurück und ging zum Ende der Schlange, wo sich schon eine kleine Gruppe gebildet hatte.

Die Gruppe stand um einen Mann herum, einen noch gar nicht so alten, der kurz nach mir gekommen war und nach zehnminütigem Warten aus der Schlange ausgeschert war, sich an die Kellerwand gelehnt und allen, die nach ihm gekommen waren, mit der Hand das Zeichen gegeben hatte, ruhig an ihm vorbeizugehen. Nun stellte sich heraus, dass der Mann, der so mit dem Handzeichen alle vorgelassen hatte und an die Wand gelehnt dasaß, als würde er sich ausruhen, – gestorben war. Wir hatten uns noch nicht gefangen, noch nicht begriffen, dass der Mann gestorben war, als mitten unter uns plötzlich ein Notarztteam auftauchte (es ist phantastisch, wie schnell sich, seit Krieg ist, die Notarztwagen einfinden, wo sie gebraucht werden; die ramponierten, durchlöcherten und zahlenmäßig auf die Hälfte reduzierten Fahrzeuge treffen ein, wo etwas passiert ist, als wüssten sie es im Voraus; wären sie in Friedenszeiten nur halb so schnell gekommen, wäre Sarajevo der Ort mit dem besten notärztlichen Dienst auf der Welt gewesen). Die Leute in Weiß drängten sich zwischen uns durch, schauten sich den Mann an, betasteten und untersuchten ihn ein wenig und winkten ab. Sie erklärten uns, er brauche nicht sie, sondern die anderen, die sie schicken würden, sobald sie könnten. Sie gingen und ließen uns mit dem Mann zurück, der in aller Ruhe jeden vorließ.

Die Leute in Weiß waren gegangen, aber wir standen um unseren Mann herum, und an ein Auseinandergehen war gar nicht zu denken. Die Kanister dienten als Platzhalter in der Schlange, so dass die Gruppe nur die verließen, die zum Wasserhahn mussten, weil sie an der Reihe waren. Wir anderen standen in der Stille und betrachteten den Toten, vermieden es aber, uns gegenseitig anzusehen.

Verstört durch das, was ich empfand, schaute ich die Menschen um mich herum an und überzeugte mich, dass sie das Gleiche empfanden: In allen Blicken sah man deutlich, als stünde er in ihnen geschrieben, Neid. Das Gleiche, was ich empfand und weswegen ich die Leute um mich herum anschaute, um mich zu vergewissern. Wir beneideten den ruhigen Mann, der so friedlich jeden, der es wollte, vorbei- und vorließ.

Warum beneideten wir ihn? Deswegen, weil er so still und ruhig, sozusagen natürlich gestorben war, hier und in dieser Zeit, wo es wirklich ein Privileg war, das kaum einer von uns haben würde? Wegen des Muts, den wir noch immer nicht aufbrachten, dorthin überzusiedeln und allen Problemen und Nöten, die uns plagten, zu entrinnen? Deswegen, weil er den Ort, den ihm das Schicksal zugeteilt hatte, nicht mehr verlassen wollte, während wir alle, wie gut wir auch wussten, dass es einem nur an seinem Ort gut gehen kann, und wie gut wir auch wussten, dass unser Ort genau hier war, wo es so unerträglich war für uns, von hier wegwollten, weil man es nicht mehr aushalten konnte? Er war jetzt an seinem Ort, und er musste nicht weg, er beneidete die, welche anderswo waren, nicht, wie immer es ihnen auch ging. Vielleicht beneideten wir ihn darum. Ich weiß es nicht, aber ich weiß, dass wir ihn beneideten und dass dies die ganze Wahrheit ist.

De la méthode

Bosnische Abhandlung über die Methode

Anfang Dezember 1992 unterhielt ich mich im belagerten Sarajevo mit einem klugen, wohlmeinenden Mann aus Frankreich. Das Gespräch dauerte über vier Stunden, endete aber ziemlich unrühmlich, weil der gute Mann aus Frankreich gekränkt war und ich Schuldgefühle hatte. Deswegen analysierte ich unser Gespräch, rekonstruierte es in meiner Erinnerung und bemühte mich ehrlich, seinen Verlauf zu begreifen, seine Dramaturgie, die die emotionalen und logischen Einflüsse und Verhältnisse bestimmt hatte, und darüber auch das Gesprächsergebnis, mit dem weder der noble Franzose noch ich zufrieden waren. Und jetzt versuche ich also noch einmal, unser Gespräch zu verstehen, noch einmal analysiere ich seine Dramaturgie, noch einmal stelle ich Vermutungen an, warum das Ergebnis dieses Gesprächs so war, wie es war. In meinen Verstehensversuch will ich den Leser einbeziehen, weil ich hoffe, dass mir sein unparteiischer Blick hilft, das, was mir unentwegt entgleitet, zu begreifen oder wenigstens zu artikulieren.

Worum geht es? Wie ist unser Gespräch verlaufen?

Mein Gast hat gefragt, wie ich es denn schaffe, ohne Wasser zu leben, und ich habe geantwortet, manchmal gebe es ja Wasser und es regne auch, so dass man das Regenwasser aus der Dachrinne auffangen könne. Und dann versuchte ich zu erklären, dass es wichtiger sei, Sarajevo und die Möglichkeit des Zusammenlebens von vier Religionen und vier Nationen in dieser Stadt zu retten, als sich mit meinen Wasserproblemen zu befassen.

Ohne sich meine scharfsinnigen Ausführungen zu den Vorteilen der Interkulturalität und den Schönheiten des Lebens in einem solchen Ambiente anzuhören, fragte mein lieber Gast aus Frankreich, was ich denn in der Situation esse, die in der Stadt herrsche, in die buchstäblich nicht einmal ein Vogel hineinkomme. Ich antwortete, in der Stadt gebe es noch immer keine Hungersnot, ich hätte lediglich fünf Kilo abgenommen, und es sei jetzt am wichtigsten, nicht zuzulassen, dass die nichtserbischen Ethnien mit Chauvinismus auf den serbischen Chauvinismus antworteten, von dem alle in der Stadt bedroht seien, auch die Serben, die nicht auf den Chauvinismus der Serbenführer hereingefallen sind. Ich setzte meine Ausführungen dahingehend fort, dass Sarajevo ein zweites Jerusalem sei, weil allein in Sarajevo und in Jerusalem auf so kleinem Raum Gotteshäuser aller vier monotheistischen Religionen existierten und wirkten.

Es gelang mir nicht, zu Ende zu reden, weil den Franzosen interessierte, wie ich es denn bei fünfzehn Grad minus in einer Wohnung ohne Fensterscheiben aushalten könne. In meiner Antwort bemühte ich mich aufrichtig, meinen Gesprächspartner davon zu überzeugen, dass es auszuhalten sei, und zeigte ihm meine Hände und Füße, die keine Erfrierungen aufwiesen, ging wichtigtuerisch vor ihm auf und ab und fuchtelte mit den Armen, hüpfte und machte sonst noch alles Mögliche, um zu zeigen, dass die Kälte gar kein so großes Problem sei. Aber ein Problem sei, sagte ich, wenn auf der Welt nur noch ein Jerusalem übrigbleibe, weil die Ganzheit der Welt sich mindestens an zwei Orten manifestieren müsse, um zu überzeugen und von uns wirklich erlebt werden zu können.

So verlief unser Gespräch ungefähr vier Stunden lang: Der Gast erkundigte sich besorgt nach den Problemen meines Alltagslebens, während ich mich damit abmühte, ihm zu zeigen, dass es mir gar nicht so schlecht ging, weil es viele gebe, denen es viel schlechter gehe. Und noch mehr bemühte ich mich, den Franzosen darauf hinzuweisen, was meinem Gefühl nach der Grund für meine kleinen Probleme und die Quelle der großen Probleme vieler Menschen sei. In manchen Stadtteilen trügen die Leute ihre Fäkalien in Papier verpackt mit sich herum und würfen sie an versteckten Stellen weg, weil sie nichts hätten, um ihr Klo zu spülen, sagte ich, doch ich sei Gott sei Dank so privilegiert, dass ich nicht ein einziges Mal aufs Zähneputzen hätte verzichten müssen. Ist Ihnen denn nicht klar, wie gut es mir geht?! Und ist Ihnen denn nicht klar, dass alle Probleme, sowohl meine eigenen kleinen als auch die großen der anderen, von der Angst vor der Interkulturalität kommen, die die Politik entscheidend bestimmt und die Waffen auf diejenigen gerichtet hat, die zusammenleben und sich an ihren Unterschieden erfreuen wollten. Aber der Franzose wiederholte auf all meine Versuche, ihn davon zu überzeugen, dass es mir besser gehe, als ich verdiene, es müsse mir doch schrecklich schlecht gehen. Nach vier Stunden des Frierens gingen wir auseinander – der Franzose gekränkt, weil ich nicht so sehr litt, wie ich es seiner Meinung nach hätte müssen, und ich mit Schuldgefühlen, weil ich den noblen und wohlmeinenden Gast gekränkt hatte, der einen so weiten Weg zurückgelegt hatte, um mich zu bemitleiden und mir etwas Gutes zu tun.

Warum ist unser Gespräch so verlaufen, wie es verlaufen ist? Warum haben wir so lange geredet, ohne wirklich zu kommunizieren, und im Grunde, ohne uns zu unterhalten? Wie konnte es überhaupt geschehen, dass zwei Menschen eine so große und so aufrichtige Anstrengung in den Versuch investierten, miteinander zu sprechen, ohne dass es ihnen auch nur einen Moment lang gelungen wäre, einander zu verstehen, im Gegenteil – dass sie in tiefem gegenseitigem Missverständnis auseinandergingen, tiefer und hoffnungsloser als das, welches am Anfang ihres Treffens zwischen ihnen gestanden hatte. Bevor wir zu reden begonnen hatten, gab es wenigstens Hoffnung und eine Menge guter Absichten, aber nachdem wir einander gesagt hatten, was wir gesagt hatten, gab es nur Gekränktheit bei ihm und Schuldgefühle bei mir. Als mein Franzose in meine Wohnung trat, war ich gerührt, dankbar und zu allem bereit, um zu zeigen, wie viel mir dieser Besuch aus der weiten Welt bedeutete. Als er in meine Wohnung trat, war mein Franzose erschüttert über das Leiden der Stadt, erfüllt von guten Absichten und entschlossen, etwas Nobles für mich und für uns alle zu tun. Unsere Begegnung war also erhaben und stand ganz im Zeichen schöner, edler Gefühle, und unser Versuch, miteinander zu sprechen, basierte auf dem durch und durch ehrlichen Bemühen, uns zu verstehen. Warum war dann unser Abschied so bitter? Bin ich wirklich ein so undankbarer Schuft, weil ich nicht so sehr leide, wie mein Gast erwartet und entschieden hat, dass ich leiden soll? Ist mein Gast wirklich so erschüttert von meinem Leiden, dass er vor lauter Ergriffenheit die Gründe für dieses Leiden und für die anderen, viel größeren Leiden nicht sehen kann? Ist mein Leiden wirklich so gewaltig, und nur ich in meiner Abgestumpftheit sehe seine Ausmaße nicht und fühle seine Tiefe nicht?

Diese Fragen setzten mir eine ganze lange Nacht voller Trauer und Schuld zu, und dann auch an den folgenden Tagen, während ich in der Brotschlange stand, während ich zwischen den Kugeln der Scharfschützen durchschlüpfte, um ein bisschen Wasser zu schöpfen, während ich mir im Keller die Ohren zuhielt, um den Lärm der Granaten zu dämpfen.

Dann hörte ich einmal im Krankenhaus, in dem ich aushelfe, einen Patienten leise das »bosnische Volkslied« *Azra* vor sich hinsingen. Dieses Lied, das die Menschen in Bosnien sehr gerne singen und als Sevdalinka (trauriges Liebes- und Volkslied) betrachten, wurde Ende des 19. Jahrhunderts von einem Österreicher auf Verse von Heinrich Heine komponiert. Viele solche Lieder, in Wien auf Verse deutscher und österreichischer Dichter komponiert, kamen zusammen mit der österreichischen Verwaltung nach Bosnien. Sie wurden als »österreichische Sevdalinke« angenommen, und noch immer werden sie von den Menschen in Bosnien gesungen, die sie lieben und die glauben, dass diese Lieder etwas über sie und ihr Erleben der Welt aussagen. Die Bosnier wissen, dass es keine ursprünglichen, »echten« Sevdalinke sind, aber sie lieben sie, singen sie und betrachten sie als ihre Lieder. Das sind sie im Übrigen durchaus, weil sie Bosnien gehören, sie sind ein Bild Bosniens so wie die Vorstellung eines anderen Menschen von meiner Person mir gehört und mein Bild ist, mein Bild in seinen Augen. Zwar sagt mein Bild in seinen Augen etwas über ihn aus, aber es sagt auch etwas über mich aus; zwar gehört seine Vorstellung von mir ihm, aber sie gehört in gewisser Weise auch mir. So gehören die »Sevdalinke«, die aus Österreich nach Bosnien eingeführt wurden, dem Österreich des 19. Jahrhunderts, aber sie gehören in gewisser Weise auch Bosnien; diese Lieder sagen und zeigen, wie die populäre österreichische Kultur die Sevdalinka gesehen hat, aber sie sagen auch etwas über die Sevdalinka, weil es logisch ist anzunehmen, dass die Vorstellung des betrachtenden Subjekts vom betrachteten Objekt auch von der Natur des Objekts abhängt. Wenigstens ein bisschen.

Etwas sehr Ähnliches ist mit dem geschehen, was ich gerne als pseudoorientalischen Baustil bezeichnen würde, der ebenfalls mit Österreich gekommen ist. Dieser Baustil wurde in Bosnien aufgegriffen und ist sporadisch noch immer anzutreffen, zum Beispiel, wenn das Haus, das ein Reicher baut, »traditionell« sein soll und er es im Stil der pseudoorientalischen Villen errichten lässt, wie Österreich sie in Sarajevo und Mostar gebaut hat. Es ist wichtig zu betonen, dass dieser Baustil den traditionellen bosnischen Baustil nicht in Frage gestellt hat, so wie die »österreichischen Sevdalinke« die ursprünglichen bosnischen Sevdalinke nicht in Frage gestellt haben; und in keinem der beiden Fälle wurden die offensichtlichen Unterschiede zwischen dem »Eingeführten« und dem »Ursprünglichen« mit der Zeit verdeckt oder verringert. Diese Tatsache zeigt, dass die Offenheit der bosnischen Kultur für den »Blick des anderen« auf ihre einzelnen Segmente nicht von einem Identitätsmangel oder einem schwachen Identitätsbewusstsein herrührt, sondern von der Bereitschaft, dem Blick des anderen Relevanz und Fundiertheit zuzugestehen. Mit anderen Worten, die bosnische Kultur hat sich vielleicht gerade wegen ihrer inneren Pluralität im Prozess des Begreifens und Verstehens nicht das »Diktat des Subjekts« zu eigen gemacht: Mein Bild in den Augen des anderen hängt von ihm und von mir ab; was mein Gesprächspartner zu mir sagt, bestimmen er und ich; was ich über jemanden denke und was ich jemandem gegenüber fühle, hängt von ihm und von mir ab; Verstehen ist kein Verhältnis zwischen aktivem Subjekt und passivem Objekt, in dem der Verstehensprozess einzig vom Subjekt abhinge. Anders kann es in einer Kultur, die gleichberechtigt von vier monotheistischen Religionen und den daraus abgeleiteten Kulturparadigmen konstituiert wird, auch gar nicht sein; das »starke Subjekt«, das alles, woran es sich wendet, in ein passives Objekt verwandelt, ist nicht möglich in einer vierstimmigen Kultur, in der mich der andere ständig bestätigt und in der ich die ständige Bestätigung des anderen bin.

Vielleicht ließe sich damit mein Schuldgefühl nach dem Gespräch mit dem noblen Franzosen erklären. Ich fühlte mich wirklich schuldig, weil ich nicht so sehr litt, wie es meinem Gast recht gewesen wäre, und wie hätte ich mich auch anders fühlen können, wo ich doch in einem kulturellen Ambiente aufgewachsen bin, in dem man den Blick des anderen so sehr liebt und aufgreift. Es ist natürlich, dass ein Bosnier die Überzeugung eines Gastes, der ihm sagt, er sei unendlich unglücklich, akzeptiert und ernst nimmt, zumindest so natürlich, wie es seine Liebe zu den »österreichischen Sevdalinke« ist. Deswegen fragte ich mich und frage ich mich noch immer, ob ich nicht tatsächlich unendlich unglücklich bin, so sehr, dass ich den Umfang und das Ausmaß meines Unglücks gar nicht sehen kann und mir deshalb einbilde, es gehe mir gar nicht so schlecht.

Und mein lieber Gast aus Frankreich und seine Gekränktheit über meine Weigerung, in dem Maße Opfer zu sein, wie er es geplant hatte? Ich wollte den Mann nicht kränken, ich war wirklich erschüttert und wirklich bemüht, die Dankbarkeit zu zeigen, die ich mit meinem ganzen Wesen empfand, aber ich kränkte ihn so tief, dass wir beinahe in Wut auseinandergingen. Claude Lévi-Strauss sagt, der Mensch sieht in der Welt, was ihm sein Kultursystem zeigt und zu sehen erlaubt, und Lévi-Strauss ist Franzose wie der Herr, der seine Existenz dadurch für bewiesen erachtete, dass er denkt. Kann ein Mensch, dessen Erleben der Welt von einer monologischen Kultur geformt wird, dem Objekt, das er betrachtet, erlauben, sein Denken zu beeinflussen? Nein, natürlich nicht. Mein Gast aus Frankreich hat mich betrachtet. Und er konnte mir nicht glauben, weil er nicht hören konnte, was ich gesagt habe. Welche Gründe? Für ihn liegt der Grund meines Leids darin, dass er denkt, ich litte, da die Tatsache seines Denkens die Tatsache seiner Existenz beweist, wie die Tatsache, dass er mich betrachtet und mich denkt, beweist, dass ich bin. Ich bin ein Opfer für ihn, weil er mich für ein Opfer hält. Und so weiter.

Wir haben uns bemüht, wirklich bemüht, und doch haben wir uns nicht verstanden. Wir konnten es nicht, die Unterschiede zwischen unseren Kulturen erlaubten es nicht. Meine – in sich plural, mehrstimmig, dialogisch; und seine – in sich einheitlich, monologisch, homogen. Meine, die die »österreichischen Sevdalinke« mit offenen Armen als ihre aufgenommen hat, und seine, für die nicht existiert, was sie nicht mit ihrem Blick umfasst hat. Ich also rufe auch jetzt, wo ich zu verstehen versuche, was uns widerfahren ist, den Leser und vergewissere mich in seinem Blick, ob ich recht habe. Während er, nehme ich an, traurig ist über meine Undankbarkeit und die mangelnde Bereitschaft, so unglücklich zu sein, wie er es mir angeboten hat – womöglich unendlich, weil seine Bereitschaft, gute Werke an mir zu tun, buchstäblich unendlich ist. So sind wir ohne die geringste Schuld einander fern und unfähig, uns zu verstehen, traurig und eingeschlossen in unsere Kreise. Wir beschuldigen einander nicht, verharren aber dort, wo wir waren, als wir auseinandergegangen sind. Er bereit, gute Werke zu tun, und unverstanden und ich überzeugt, dass das Problem darin liegt, dass meine Stadt nur deshalb zerstört wird, weil in dieser Stadt Gotteshäuser von vier Religionen stehen. Ich bedauere, bedauere wirklich, dass mein Gast mich für undankbar hält, aber ich gestehe, sündig, wie ich bin, dass ich noch mehr bedauere, dass meine Stadt zerstört wird und dass ihre Gotteshäuser zunehmend weiter voneinander entfernt sind. Ich würde ertragen, dass es kein Wasser und keinen Strom gibt, dass es nichts zu essen gibt und dass es kalt ist, aber wie soll ich ertragen, dass ich in meiner Stadt allein dastehe?! Wie soll ich an die Einheit und Ganzheit der Welt glauben, wenn sie nur in Jerusalem bestätigt wird? Wie soll ich leben, wenn Jerusalem und ich allein sind, die Einzigen, eingeschlossen in unsere Monologe? Und wie soll ich meine schmerzhafte Frage formulieren, damit sie auch mein französischer Freund versteht?

Geographie des Schattens

Im August 1992 wurde die National- und Universitätsbibliothek Bosniens und der Herzegowina niedergebrannt, die wir alle Vijećnica (Rathaus) nannten, weil sie im Sarajevoer Rathaus, erbaut in der Zeit der österreichisch-ungarischen Herrschaft, untergebracht war. Von Mitte April an wusste ich, dass es geschehen würde, und wartete darauf, weil schon klar war, dass die Belagerer der Stadt systematisch, eins nach dem anderen, die Gebäude vernichteten, die auch einen symbolischen Wert hatten. Von Mitte April an wusste ich also, dass die Vijećnica vernichtet werden würde, von Mitte April an sagte ich mir das ständig, weil ich mich auf das, was geschehen würde und was so gewiss war, als wäre es bereits geschehen, vorbereiten wollte, von Mitte April an versuchte ich zeitweise, mir die Welt ohne die Vijećnica vorzustellen und mich so vorzubereiten (zu befähigen?), das, was geschehen würde, zu ertragen ... Vier lange Monate tat ich alles, was mir in den Sinn kam, um mich auf die Nachricht von der Vernichtung der Vijećnica einzustellen, und als es Ende August tatsächlich geschah, erlebte ich die Nachricht als Schock, von dem ich mich niemals erholen werde. Auf das Schicksal können Sie sich nicht vorbereiten, wie sehr Sie sich auch darum bemühen.

Die Nachricht, dass die Vijećnica niedergebrannt worden war, überbrachten mir meine Studenten Dino und Danis, die das traurige Spektakel mit der Kamera aufgenommen hatten (ich denke, es gehört zu den schönen Wundern, dass ich noch jetzt mit Freude und Liebe an Dino und Danis denke, obwohl sie mir diese Nachricht überbracht haben; ansonsten gehört es zu den schönen menschlichen Eigenschaften, den Überbringer schlechter Nachrichten zu hassen). In der Kamera konnte man sehen, was mit ihr aufgenommen worden war, und so konnte ich den Brand der Viječnica verfolgen und die Versuche, wenigstens einen Teil dessen, was in ihr aufbewahrt worden war, zu retten. Wahrscheinlich dachte ich, der Schrecken der schrecklichen Nachricht lasse nach, wenn die Bedeutung dieser Nachricht konkretisiert, in Bilder, in eine reale Szene verwandelt werde, wenn mir die sinnliche Unmittelbarkeit der Bilder nicht erlaube zu imaginieren, zu phantasieren, zu konstruieren. Wie schrecklich das, was geschehen ist, auch immer war, es war weniger schrecklich als alles Schreckliche, was hätte geschehen können und was sich ein lebendiger Mensch vorstellen kann. Auch das ist ein Gewinn – alle Greuel, die uns treffen könnten, auf einen einzigen zu reduzieren, der sich tatsächlich ereignet hat. Falls ich das gedacht habe, habe ich dummes Zeug gedacht, was bei mir gar nicht so selten vorkommt. Die geistige Erstarrung, das Gefühl, dass sich ein Loch im Fundament der Existenz aufgetan habe, diese Gefühle blieben, wie sie gewesen waren, bevor ich die Aufnahme angesehen hatte. Durch die Konkretisierung änderte sich nichts.

Alles blieb gleich, auch nachdem ich, ein paar Tage später, die Brandstätte besucht hatte und so in meiner »Konkretisierung und Objektivierung des Grauens« einen Schritt weitergekommen war. Oder ist doch nicht alles gleich geblieben?

Zum Glück ist es nicht gleich geblieben, obwohl ich das in diesem Augenblick nicht begreifen konnte. Mit diesem traurigen Pilgergang begann ein Prozess, den ich gern die

Differenzierung des Grauens nennen würde; sie ist, wie schmerzhaft auch immer, viel erträglicher als die dumpfe geistige Eisesstarre, in die ich geraten war (Dante wusste gut, was er tat, als er die schwersten Sünder ins Eis steckte). Ich nehme an, die Konfrontation mit der Ruine des Gebäudes, das ich sehr geliebt habe, hat mit ihrer sinnlichen Konkretheit einen Differenzierungsprozess in Gang gesetzt, weil sie die physische Ruine des Gebäudes von der metaphysischen Ruine der Bibliothek trennte, das, was als körperlicher Rest des ehemaligen Gebäudes, als Folge der Zerstörung in der Sphäre der materiellen Existenz vor mir stand, von der Ruine trennte, die ich nicht sehen konnte, von der Ruine, die durch die Vernichtung der Bibliothek entstanden war, also durch Zerstörung in der Sphäre der symbolischen und metaphysischen Existenz. Verstehen wir uns? Im Raum, direkt vor mir, stand die Ruine eines Gebäudes, über die ich nachdenken konnte, die ich lesen konnte, der ich entnehmen konnte, woraus das Gebäude gemacht war, wie es ungefähr ausgesehen hatte, wozu es bestimmt war … Das war eine physische Ruine. Aber in diesem Gebäude waren Millionen Bücher aufbewahrt gewesen, die zusammen mit ihm vernichtet worden waren (beziehungsweise, viel treffender, die Bücher wurden vernichtet, als das Gebäude zerstört wurde; die Zerstörung des Gebäudes ist nicht gleichbedeutend mit seiner Vernichtung, weil nach der Zerstörung vieles bleibt, es bleibt genug, um das Gebäude im Geist zu rekonstruieren oder wenigstens zu erahnen; aber die Bücher, die in ihm aufbewahrt wurden, sind nicht zerstört, sie sind vernichtet), und diese Vernichtung erzeugt eine Ruine, die ich nicht sehen kann, mit der ich nicht konfrontiert werden kann, die ich mir bestenfalls ganz ungenau vorstellen kann. Wie soll man diese unsichtbare, diese metaphysische Ruine, entstanden durch die Zerstörung des Gebäudes, in dem eine Bibliothek aufbewahrt war, verstehen oder wenigstens erahnen, wie soll man sie sich vorstellen?

Schon damals, gleich zu Beginn des Prozesses, den ich innere Differenzierung des Grauens genannt habe, war mir klar, dass man auch in metaphysischer Hinsicht zwei Ebenen bzw. zwei Formen der Ruine unterscheiden muss, die durch die Vernichtung einer Bibliothek entstanden ist. Die eine ist die symbolische Ebene, die Sphäre des geistigen Lebens einer Gemeinschaft, in der die Phänomene artikuliert und geschaffen werden, welche die reale Existenz der Gemeinschaften symbolisieren, z. B. politische und kulturelle Institutionen. Die Existenz einer Kulturgemeinschaft auf symbolischer Ebene kommt gerade durch Institutionen wie die Nationalbibliothek, die Nationalgalerie, die Philharmonie und das Theater zustande; durch die Zerstörung (die wirkliche oder symbolische) einer dieser Institutionen verringern Sie das Maß der Existenz, das Maß der Realität einer Gemeinschaft, die ihre Existenz auch auf diese Institutionen gründet, so dass man sagen könnte, nach der Vernichtung der National- und Universitätsbibliothek ist Bosnien und Herzegowina weniger real. Es ist weniger real, weil die Symbole diesen Typs keine bloße Konvention sind; als Name (Idee und Begriff) kann die National- und Universitätsbibliothek Bosniens und der Herzegowina nicht vernichtet werden, sie existiert, solange es möglich ist, die Lautstrukturen dieses Namens auszusprechen oder aufzuschreiben und dadurch die Bedeutung und den Sinn dieses Namens zu »aktivieren«, und das ist wahrscheinlich ewig; aber eine Bibliothek ist mehr als ihr Name und ihre Idee, sie ist, wie ein Symbol in der Literatur, ein Ort, an dem sich die materielle, symbolische und metaphysische Existenz miteinander verflechten und sich gegenseitig ergänzen. Ich hätte (wenn ich es gewagt hätte, doch damals brachte ich den Mut dazu nicht auf) die Dimensionen (nicht auch die Form) der Ruine erahnen können, die auf der symbolischen Existenzebene entstanden war: In der Sphäre des Symbolischen war Bosnien und Herzegowina als Kulturgemeinschaft von dem Moment an, in dem seine National- und Universitätsbibliothek als Gebäude zerstört und dann als Sammlung von Büchern, Manuskripten, Zeitschriften … vernichtet worden war, weniger real. Durch die Zerstörung auf der symbolischen Existenzebene war ein »Loch«, eine »Leere« entstanden, deren Dimensionen Sie sich vorstellen können, nicht aber deren Form, weil Form eine materielle, wirkliche Gegenwart voraussetzt.

Ein gutes literarisches Symbol ist eines, das, indem es ein Bild anbietet und ein Ding oder ein Ereignis in seiner materiellen Konkretheit darstellt, diesem Ding oder Ereignis zusätzlich Sinn und eine Bedeutung verleiht, die es als solches nicht hat, und es in einen Archetyp verwandelt, ohne ihm dabei etwas von seiner materiellen Konkretheit und sinnlich wahrnehmbaren, wirklichen Gegenwart zu nehmen. Was Sie mit Ihrem geistigen Auge nicht sehen, was Sie nicht »berühren und beriechen« können, also das, was nicht so konkret dargestellt ist, dass es sich in eine sinnlich wahrnehmbare und konkrete Vorstellung verwandelt, das kann kein gutes literarisches Symbol, überhaupt kein richtiges Symbol sein. Und eine Nationalbibliothek, in die Sie nicht gehen können, um sich über das schöne Gebäude zu freuen (oder über das hässliche Gebäude zu schimpfen, das nicht das Ambiente, in dem man liest, bietet und bieten kann), um ein Buch in die Hand zu nehmen und sein Gewicht und seinen unvergleichlichen Geruch zu spüren, um sich in die Frau zu verlieben, die Ihnen die Bücher bringt, und um sich ein weiteres Mal, wer weiß zum wievielten Mal, zu überzeugen, dass Menschen, die mit Büchern arbeiten, eine spezielle, für sie charakteristische und erkennbare Güte haben, eine Nationalbibliothek, in die Sie nicht gehen können, um all diese Dinge zu tun und zu erleben, ist keine. Mikrofilme, Computerdisketten und alle anderen Formen alternativer Aufbewahrung von Büchern, die mir unbekannt geblieben sind, können keinen Ersatz für die Vijećnica schaffen, also für die Bibliothek, wie sie von einem ganz konkreten Augenblick an nicht mehr existiert. Ihre Nicht-Existenz, ihre Abwesenheit in der wirklichen Welt erzeugt (verursacht) auf der symbolischen Ebene eine Leere, die Dimensionen, aber wahrscheinlich keine Form hat. Ist auch das eine Ruine? Wie soll man das, was auf der symbolischen Ebene nach der Vernichtung einer Bibliothek bleibt, nennen, wie soll man es sich vorstellen und wie soll man es verstehen? Unterscheidet sich auf der symbolischen Existenzebene das, was von einer »gewöhnlichen« (beliebigen) Bibliothek bleibt, von dem, was von der Nationalbibliothek bleibt?

Ich weiß nicht, ob die »Ruine« der Nationalbibliothek sich auf der symbolischen Ebene von der »Ruine« einer anderen Bibliothek unterscheidet, aber ich weiß sicher, dass sie sich auf der Existenzebene, die ich in Ermangelung eines richtigen Namens metaphysisch nennen würde, wesentlich von jeder möglichen Ruine, also auch der Ruine einer »gewöhnlichen« Bibliothek unterscheidet. Die Nationalbibliothek ist nämlich der Ort, an dem materiell konkretisiert eine

Literaturtradition zu Hause ist. So hatte die Vijećnica mindestens ein Exemplar von jedem Buch, das jemals in Bosnien und Herzegowina veröffentlicht worden war, von jedem Buch eines bosnisch-herzegowinischen Autors, ganz gleich, wo es erschienen war, und viele, sehr viele in Bosnien und im Zusammenhang mit Bosnien geschriebene Bücher, verfasst von Bosniern oder von Menschen, die mit Bosnien zu tun hatten, und die Manuskripte geblieben sind. Viele dieser Manuskripte waren Unikate und wahrscheinlich auch einige der gedruckten Bücher. Die deutliche Mehrheit der vernichteten Bücher existiert auch anderswo, aber einige haben nur hier existiert; und außerdem gibt es mit Sicherheit nirgendwo auf der Welt einen anderen Ort, an dem die Bücher, die sinnlich wahrnehmbar die fünfhundertjährige Kontinuität einer literarischen Tradition darstellen, in einer solchen Zusammensetzung und einer solchen Systematisierung existiert haben, existieren und existieren können.

Zu welchem Existenztyp gehört die Ruine, die durch die Vernichtung der Nationalbibliothek entstanden ist? Wie kann ich die Ruine (Leere?), die am 25.8.1992 entstanden ist, als die Vijećnica niedergebrannt wurde, definieren (imaginieren, vergegenwärtigen, ahnen)? Handelt es sich um eine Ruine, um eine Leere oder um etwas Drittes? Wie soll man das nennen, was entstanden ist, und wie das, was geblieben ist? Und wo ist das, was geblieben ist? Wie soll man es verstehen, imaginieren, wie soll man es sich vorstellen und wie soll man es nennen? Ich liebe Bulgakow sehr, ich liebe auch die Behauptung: »Manuskripte brennen nicht« (die nicht nur pathetisch, sondern auch wahr ist; diese Behauptung ist nicht nur ein Trost für uns, denen außer Pathos nichts geblieben ist, sondern sie ist wirklich wahr für jene, die das wahre Wesen der Sprache verstanden haben), ich möchte sehr gerne glauben, dass auch Bücher nicht brennen, vor allem in Nationalbibliotheken – aber wo ist meine Vijećnica und was ist von meiner literarischen Tradition geblieben?

Auf meinem ersten Pilgergang zur niedergebrannten Vijećnica spielte sich in mir etwas sehr Pathetisches ab: Während ich das zerstörte Gebäude betrachtete und mir ihr ehemaliges Aussehen in Erinnerung rief, verwirrt durch das Fehlen von Zeichen, die darauf hingedeutet hätten, dass es sich um eine ehemalige Bibliothek handelt, sah ich mit meinem geistigen Auge ein angesengtes Blatt Papier, auf dem ein Teil des Textes, den man früher auf diesem Blatt hatte lesen können, erhalten war. Verstehen wir uns? Dumpf, geistig erstarrt und völlig gefühllos stand ich in der Ruine und bemühte mich, mir das Gebäude, das ich so sehr geliebt hatte, in Erinnerung zu rufen; ehrlich gesagt, bemühte ich mich, weil ich Schmerz, Wut empfinden musste, irgendetwas empfinden musste, weil jedes Gefühl besser war als die dumpfe Eisesstarre, die in mir herrschte; es gelang mir nicht, vor meinen Augen erschienen weder die Säulen, die die Halle umgeben hatten, noch der steinerne Spitzenbesatz, der die fast kreisförmige Plattform gesäumt hatte, die auf diesen Säulen ruhte, noch die Gesichter derer, die ich hier geliebt hatte; es gelang mir nicht einmal zu empfinden, dass hier einmal eine Bibliothek gestanden hatte; und dann tauchte unangekündigt vor meinem bis dahin blinden geistigen Auge ein beschriebenes und versengtes Blatt Papier auf und mit ihm der erste Gedanke, das erste Gefühl, die ersten Lebenszeichen seit dem Moment, wo Dino und Danis mir die schreckliche Nachricht überbracht hatten. Was sich in mir abspielte, würde ich mit einem Erdbeben vergleichen – eine wahre Lawine von Gefühlen und Gedanken, die auf mich niederging, und danach eine Beruhigung, Entwirrung, Differenzierung. (Hätte sich das abgespielt, wenn ich die Vijećnica als Gebäude nicht so geliebt hätte? Hätte es sich abgespielt, wenn es mir gelungen wäre, das zu sehen, was ich in Erinnerung hatte, statt das, was ich anschaute? Ich bezweifle es, aber das ist ein Thema für eine andere Gelegenheit.)

Der erste klare Gedanke, der mir nach dem »Erdbeben« kam, war, dass das versengte Blatt beschriebenen Papiers eine wahrhafte Metapher der Literatur sei, der ich angehöre, eine Metapher, die meine Aufgabe präzise definiert: auf der Grundlage des Erhaltenen und aus dem Gedächtnis zu rekonstruieren, was auf den verbrannten Teilen des Blattes gestanden hat. Pathetisch? Ja, sehr. Aber interessant ist, dass ich mich dessen nicht im Geringsten schäme, obwohl ich Pathos sonst nicht ausstehen kann, schon gar nicht bei mir. Ich schäme mich auch nicht der Überlegungen, denen ich mich danach überlassen habe, wahrscheinlich im Bemühen, mich mit platonischen Grübeleien zu trösten, zu denen ich neige. Darüber zum Beispiel, dass Literatur sonst Rekonstruktion aus der Erinnerung an das ist, was wir in einer anderen und sicher besseren Existenzform gesehen und gewusst, aber vergessen haben, als wir in diese geworfen wurden; oder Rekonstruktion verpasster Möglichkeiten, die man uns angeboten hat, die wir aber nicht erkannt oder nicht zu realisieren vermocht haben; oder Erkundung von Erfahrungen, die wir gemacht hätten (die wir gemacht haben könnten), wenn uns ein anderer Charakter und ein anderes Schicksal (wenn das nicht ein und dasselbe ist) beschieden gewesen wären. Ich schäme mich, wie gesagt, dieser pathetischen Anwandlungen nicht, weil die »dröhnenden Bilder«, mit denen ich meine damaligen Gefühle illustrieren möchte, diesen höllisch »dröhnenden« Gefühlen voll und ganz entsprechen.

Nach diesen Gedanken und den emotionalen Verwirrungen, die mit ihrer Formulierung einhergingen, setzte der Prozess ein, den ich Differenzierung des Grauens genannt habe, jenes Grauens, das sich im Lauf der ersten Kriegsmonate in mir angestaut hatte. In Gang kam alles mit der Differenzierung der Ruine, in der ich stand, mit der Trennung der einzelnen Ebenen, auf denen man über diese Ruine nachdenken musste, – die Überreste des Gebäudes als materielle Ruine im Raum; die symbolische Ruine als Überrest einer Institution; die metaphysische Ruine als Durcheinander und Sammlung von Überresten einer literarischen Tradition. Das deckte sich mit dem, was ich in meinem Innern bereits als meine Aufgabe für die Zukunft formuliert hatte: die Poetik der Ruine. Die Ruine als Text zu betrachten, als Struktur, die sich lesen lässt, weil sie aus einer Reihe von materiellen Elementen besteht, aufgrund deren man eine abwesende Wirklichkeit erahnen kann. Ruinen sprechen, enthalten Sinn und Bedeutungen, und die Aufgabe einer Poetik der Ruine wäre, dabei zu helfen, diesen Sinn und diese Bedeutungen zu systematisieren und zu begreifen. Ruinen sprechen über das Leben, das sich einmal in ihnen abgespielt hat, sie sprechen über die Kultur, in der sie verschwunden sind und die sie durch ihre Existenz verwirklicht haben, bevor sie zu Ruinen geworden sind, sie sprechen über jene, die sie als Ruinen produziert haben. Eine Ruine spricht über jene, die das Zerstörte gebaut und genutzt haben; eine Ruine spricht über die Welt, in der das Zerstörte erbaut worden ist; sie spricht über jene, die eine Ruine daraus gemacht haben; und sie spricht auch über Sie, die Sie das jetzt betrachten – ob Sie an der Ruine vorübergehen, ohne sie zu sehen, ob Sie sie lesen und hören, was sie zu Ihnen sagt, wie Sie sie verstehen und was Ihnen gelingt, aus ihr herauszulesen. In diesen Tagen dachte ich, möge Gott mir verzeihen, Kulturtradition sei nichts anderes als ein System von Ruinen, die wir hören und verstehen. Und dieses System spricht viel über uns, spricht über uns so viel und so direkt, dass man es als Bestandteil unserer Kultur betrachten muss: Welche Stimmen aus diesem Stimmengewirr, das aus dem »tiefen Brunnen der Vergangenheit« zu uns dringt, hören und verstehen wir? Wie ordnen und organisieren wir diese Stimmen zu einem System? Wie verstehen wir sie, das heißt, welche Fragen erkennen wir in ihrer Rede? Wie stark sind diese Stimmen an unseren Ausformulierungen ebendieser Fragen beteiligt? Und so weiter und so weiter. Auf vielen Ebenen und auf viele Weisen sprechen über uns Stimmen, die wir aus dem »tiefen Brunnen der Vergangenheit« hören und verstehen, jene Ruinen also, deren Rede wir verstehen. Die Tatsache, dass ich aus einer Unzahl von angebotenen Kombinationen (tatsächlich ist die Zahl der Ruinen, die uns die Vergangenheit als unsere Erinnerung anbietet, unaussprechlich) gerade die auswähle, die ich auswähle (und dass sie gerade mich auswählt), sagt etwas über mich – etwas, was nur auf diese Weise gesagt werden kann. Das ist, wie wenn Sie ein Drama oder einen Roman schreiben – Sie setzen sich zum Schreiben hin, wenn Sie wissen, was jede Ihrer Gestalten im Gasthaus bestellen würde, weil Sie dann mit Recht glauben, Ihre Gestalten zu kennen. Wie Sie mit Recht glauben, das Haus, in dem Sie wohnen, zu kennen, wenn Sie sich vorstellen können, wie es aussehen würde, wenn es eine Ruine wäre. (Wenn Ihr Haus dann über Sie spricht, können Sie sicher sein, wirklich auf der Welt gewesen zu sein, weil Sie eine Spur hinterlassen haben.)

Um diese Fragen, im Zusammenhang mit ihnen spielte sich der Prozess der »Differenzierung des Grauens« ab, der in mir nach dem ersten Besuch bei der niedergebrannten Vijećnica in Gang gekommen war. Und diese Fragen verstärkten, wahrscheinlich wegen ihrer Gebundenheit an die Tradition, sehr das Unbehagen, das ich seit Beginn meiner reifen Jahre in mir trug und das meine Versuche, mich mit dem Schreiben zu beschäftigen, kontinuierlich begleitete. Ich sage »Unbehagen«, weil es sich um ein »ungutes Gefühl« handelte, dessen Form und Gründe mir nicht bekannt sind, also um etwas nicht bewusst Gemachtes, aber Anwesendes. Jetzt, im Zusammenhang mit diesen Fragen und in der unmittelbaren Anwesenheit der niedergebrannten Bibliothek, musste dieses Unbehagen schlicht bewusst werden und mich zwingen, mir auch mein Erleben der Kulturtradition, das offensichtlich die Quelle dieses Unbehagens war, bewusst zu machen.

In meiner Schulzeit hatten mir die Differenzen mit dem positivistischen oder enzyklopädistischen Konzept der Tradition dieses Unbehagen bereitet. Ich konnte nämlich die Pflichtlektüre nicht ordentlich lesen, weil ich keinen Grund sah, einen langweiligen Schriftsteller zu lesen, nur weil er in meiner Sprache schrieb und Teil meiner Tradition war. Als ich heranwuchs und die ersten Schreibversuche machte, bereiteten mir die politische Philosophie der Gesellschaft, in der ich lebte, und die literarische Mode, von der ich umgeben war, das gleiche Unbehagen. Die politische Philosophie meiner Gesellschaft ließe sich mit einem bosnischen Witz umreißen: »In den volksfeindlichen Regimen hatten wir nichts; dann kam 1941 der Okkupant und hat alles zerstört; aber dann kamen die Kommunisten und haben alles, was wir heute haben, geschaffen.« Wahrscheinlich bereitete mir diese Philosophie Unbehagen, weil sie meinem Dasein die zeitliche Dimension raubte und mich zur reinen Gegenwart verurteilte, in der ich mich nie wohlgefühlt habe. (Wenn ich es mir recht überlege, besteht mein Leben hauptsächlich daraus, dass ich heute entdecke, was für ein Narr ich gestern gewesen bin und wie gut es mir gestern gegangen ist.) Die literarische Mode, in der »Neuheit« das wesentliche Kriterium ist, hat mir im Grunde das gleiche Verhältnis zur Zeit angeboten.

In der Politik gelang es mir, dieses Zeitkonzept zu verstehen, wie wenig es mir auch gelang, es zu akzeptieren: Wenn Sie sich, beziehungsweise Ihre Machteroberung, als Ort der Diskontinuität proklamieren, als Moment, von dem an etwas völlig anderes beginnt, haben Sie sich ein Alibi für Ihre absolute Macht verschafft, weil Sie sich als Gott dargestellt haben. Der einzige zweifelsfreie Ort der Diskontinuität ist nämlich der Moment, in dem der liebe Gott »Es werde!« ausgesprochen hat. Da ist aus dem Chaos der Kosmos entstanden, da hat sich die unbewegliche Ewigkeit in Gang gesetzt und ist Zeit geworden (daher rechnet jede Religion die Zeit vom Tag ihrer Offenbarung an, und daher rechnen alle Revolutionen, nach dem französischen Vorbild, die Zeit von ihrem ersten Tag an). Indem Sie sich als Ort der Diskontinuität darstellen, fundieren Sie Ihre göttliche Position in der Welt und rechtfertigen damit Ihre absolute Macht in dieser Welt. Aber in der Literatur kann ich dieses

Zeitkonzept weder verstehen noch akzeptieren. Doch gerade dieses Zeitkonzept bildet die Basis des »avantgardistischen« Bedürfnisses, etwas absolut Neues zu schaffen, etwas, von dem eine ganz neue Tradition ausgehen soll, also etwas, was Ort der Diskontinuität sein wird. Ich kann es weder verstehen noch akzeptieren, weil mir scheint, dass es der Literatur als »zeitlicher Kunst«, wie Lessing sagen würde, völlig fremd ist: Die Darstellung eines Textes als Ort der Diskontinuität nimmt dem Text die zeitliche Dimension und verwandelt ihn in den »ewigen Augenblick«, in die absolute Gegenwart einer anderen Welt.

Oder übertreibe ich, wenn ich meine persönlichen Abneigungen mit Argumenten von Lessing »verdecke«? Ich fürchte, darum geht es, weil es stimmt, dass die Literatur, wie ich sie kenne, eine »innere Zeitdimension« hat, aber das heißt überhaupt nicht, dass das die einzig mögliche Literatur ist. Meine Differenzen mit dieser Literatur rühren wahrscheinlich daher, dass der Text, der sich als Ort der Diskontinuität konstituieren will, zwangsläufig als Offenbarung funktioniert, also als Monolog, während ich die Literatur wie auch die Kulturtradition als Dialog erlebe, als Gespräch mit denen, die die Fragen, welche auch mich quälen, anders formuliert haben als ich. Ein Text, der »absolut neu« und »absolut originell« sein will (als wäre es möglich, nicht-original zu sprechen, wenn man sagt, was man wirklich fühlt und denkt, als verstünde irgendjemand auf der Welt unter »guten Tag« genau das, was ich darunter verstehe), macht ein Gespräch unmöglich, weil er voraussetzt, dass vor ihm nichts geschrieben steht. Für mich hingegen bedeutet Literatur ein Gespräch mit den Gestalten (die sich unbedingt von mir unterscheiden müssen und nicht mit mir übereinstimmen dürfen), ein Gespräch der Gestalten untereinander, ein Gespräch mit dem Leser und ein Gespräch mit vielen Verstorbenen, die mir das Schreibhandwerk beigebracht haben. Daher kommt wohl meine Überzeugung, dass die Arbeit eines Schriftstellers von dessen Lehrern bestimmt wird, aber dass auch der Schriftsteller seine Lehrer bestimmt; die Vorgänger, die Sie lesen und lieben, mit denen Sie sich unterhalten und mit denen Sie Fragen und Ängste teilen, schreiben sich mit Ihrem Wissen oder ohne es in Ihren Text ein, aber auch Sie schreiben sich in deren Texte ein, deutlicher oder weniger deutlich. Jene erschaffen Sie, und Sie erschaffen jene, weil das Gespräch, wenn es wirklich eins ist, zwei Stimmen, zwei Personen voraussetzt und in zwei Richtungen wirkt. Oder in drei Richtungen, weil es drei Subjekte konstituiert oder beleuchtet – die beiden Sprecher und den Text, der den Gesprächsgegenstand enthält. (Zwei Beispiele, die mir als Erstes einfallen: Dostojewski hat sich so tief in Gogol eingeschrieben, dass er mit seinem Werk Ihre Gogolrezeption bestimmt, selbst wenn Sie Dostojewski überhaupt nicht gelesen haben; genauso wie Sie nach Kafka oder wegen Kafka Kleist ganz anders lesen und erleben, als Sie es getan hätten, wenn Kafka sich nicht so tief und so wesentlich in ihn eingeschrieben hätte.) Mit deinem Text schreibst du dich in eine sehr lange (vielleicht unendliche?) Kette von Texten ein, die deine Fragen auf eine andere Art formulieren, mit einer anderen Stimme, aber mit einem bestimmten Maß an Korrespondenz mit deiner Art. So fügst du dem Gespräch, das dauert, seit man spricht und schreibt, und das vielleicht dauern wird, solange die Zeit besteht, eine Replik hinzu, eine mehr oder weniger sichtbare, mehr oder weniger wichtige.

So habe ich also das Schreiben und die Literaturtradition erlebt, ohne zu wissen, dass ich sie so erlebe und empfinde, weil ich nicht gezwungen war, mir dieses Verhältnis bewusst zu machen. Es gab, wie ich sagte, ein Unbehagen wegen der »ewigen Gegenwart«, mit der mich die Politik und die literarische Mode umgaben, aber dieses Unbehagen war ganz leicht zu ertragen. Niemand hinderte mich daran, in meinem ersten Buch die mittelalterliche Form der Legende zu erforschen und so zu versuchen, die wunderschönen und vergessenen Texte des bosnischen Franziskaners Matija Divković weiterzuschreiben, in meinem zweiten Buch zu versuchen, die orientalische Form des Diwans zu erneuern und mich mit mir lieben islamischen Mystikern zu unterhalten, von einer Begegnung der heiligen Teresa von Ávila mit der Dichterin aus Basra Rabia al-Adawiyya zu träumen … Ich schrieb, wie ich fühlte, und deshalb belastete mich das Unbehagen an meinem autistischen Erleben der Tradition nicht sonderlich. Aber nun, da ich an der Brandstätte der Vijećnica stand, konfrontiert mit einer Ruine, die drei Ebenen der Existenz umfasste (die materielle, die symbolische, die metaphysische Ebene), musste ich mir das alles bewusst machen, weil es sich bei alldem nicht mehr um ein Unbehagen handelte, sondern um Schmerz.

Wie sieht meine Tradition heute aus? Kann ich meine Fragen in die Unikate einschreiben, die mit der Vijećnica verbrannt sind? Und wie, wenn ja? Ja, ich weiß, »Manuskripte brennen nicht«, aber wie kann ich sie finden und lesen, wie überprüfen, ob sie meine Fragen aufgenommen haben und doch das Vermächtnis einer anderen Stimme geblieben sind? »Manuskripte brennen nicht«, aber Bibliotheken offensichtlich schon, und zwar verdammt gründlich.

Dann die schmerzhafteste Frage: Ist das, was ich als meine Tradition kennengelernt habe, eine zufällige Auswahl dessen, was glücklicherweise nicht von früheren Feuern erfasst worden ist? Ein Kind, das morgen versuchen wird, in meiner Sprache zu schreiben, wird sich seine Vorstellung von der Tradition auf der Grundlage dessen machen, was die Brände in Bosnien verschont haben, aber das ist nicht gleichbedeutend mit dem, was in dieser Sprache geschrieben wurde (mit dem, was in dieser Sprache wirklich gut geschrieben wurde). Ist nicht auch mein Bild von meiner Tradition, das, was ich als Gespräch empfunden habe, das schon fünf Jahrhunderte ununterbrochen andauert, eine solch bizarre Auswahl der Brände? Und dann eine neue, noch schmerzhaftere Frage: Welche beängstigende Menge an ewiger Gegenwart, jener Gegenwart, die gleichgültig ist wie anorganische Materie, wird durch das Niederbrennen einer Nationalbibliothek produziert; warum hat meine Zeit und meine Kultur ein so starkes Bedürfnis nach so viel derartiger Gegenwart; warum flieht meine Zeit so leidenschaftlich vor der Erinnerung und produziert so effektiv Vergessen?

Seit dem Sommer 1992 verfolgen mich diese Fragen, und ich versuche mich davon zu überzeugen, dass es nicht ganz so ist, wie mir scheint. Immerhin existiert die Literatur auf der metaphysischen Ebene, und das Buch ist schlicht eine materielle Spur dieser Existenz. Die Literatur existiert, auch wenn ich nichts von ihr weiß (wie so vieles andere, was unabhängig von mir und meinem Wissen existiert), der Text existiert, auch wenn er nicht gelesen wird und wenn er überhaupt nicht gelesen werden kann. Ich wünsche mir sehnlichst, daran zu glauben, ich muss daran glauben. Ja, sie existiert, aber wie und wo? Unter den Schatten? Auf die Art, wie ein Schatten existiert?

Wenn es sich auch so verhält, ist es gut. Aber Literatur bedeutet viele Stimmen und viele Handschriften, von denen jede ihre unwiederholbare Eigenart besitzt. Wie soll man unter den Schatten all diese Unterschiede feststellen und erkennen? Darum also befasse ich mich schon vier Jahre lang mit der Poetik der Ruine und darum auch diese bekennenden Seiten: in der verrückten Hoffnung, einen Gesprächspartner zu finden, der bereit ist, mit mir eine Poetik der Ruine auszuarbeiten und die Geographie des Schattens zu erforschen, die sicher nicht so monoton ist, wie es scheint. Wenn die Literatur sich wirklich in der Welt der Schatten befindet, dann verbirgt der Schatten mit seiner grauen Neutralität die Formen, Stimmen, Farben, eine ganze mannigfaltige Welt; aber die Formen und Grenzen in dieser Welt müssen, wie bei der Erkundung einer Höhle, mit mindestens zwei Stimmen erforscht werden: deine Stimme, die ich höre, dann ihr Echo, das wir beide hören; danach meine Stimme, die du hörst, schließlich ihr Echo, das wir beide hören – das sind bereits vier Größen, was vollauf genügt, um die Geographie einer Höhle und, ich hoffe, auch die Geographie des Schattens zu begründen.

Über die künstlerische Wahrheit

Die junge Schauspielerin hielt ihm ihre Hand kokett zum »Handkuss« hin, doch der Schauspieler, ihr Partner, der sie küssen sollte, starrte auf die aufgesprungene Haut und die rissigen Fingernägel, auf die von der Kälte geschwollenen Gelenke, auf die Narben und die kaum sichtbaren Hautverletzungen. Es dauerte kaum länger als einen Augenblick, aber lange genug, dass der aufmerksame Zuschauer sein Zögern bemerkte und begriff, und dennoch kurz genug, dass sich das gekünstelte Hofieren nicht in Mitleid verwandelte. Diesen Augenblick lang, der für ihn wahrscheinlich eine Ewigkeit darstellte, stand der Schauspieler wie versteinert auf der Bühne und fragte sich, so nehme ich an, wie diese misshandelte Hand, die längst jeder Art von Pflege entwöhnt war, aus einer Haltung oberflächlichen Hofierens und gemimter Leidenschaft heraus zu küssen sei. Und dann küsste er sie mit viel echter Emotion, vielleicht auch Leidenschaft. Einen langen, für diese und eine solche Aufführung zu langen Augenblick drückte er seine Lippen auf die raue Haut ihrer Hand, als wollte er sie nie mehr lösen, und in diesen Kuss legte er so viel wahrhaftes Gefühl, dass die Szene eine Intensität und Energie gewann, die sie im Kontext dieser Aufführung auf keinen Fall hätte haben dürfen. Die oberflächliche Andeutung eines möglichen Liebesabenteuers verwandelte sich mit diesem Kuss in eine Wette auf Leben und Tod und die Beziehung der beiden potentiellen Liebenden in eine schicksalhafte Verbindung zweier Menschen, die ihr ganzes Wesen umfasst.

Die Verlegenheit des Schauspielers, sein Zögern, die arme Hand, die er betrachtete, so zu küssen, wie die Inszenierung es von ihm verlangte, das Eindringen persönlicher Energie und Emotion in die gelernte, verabredete Schauspielhandlung, all das löste die Szene aus dem Ganzen der Aufführung heraus, weil es gegen ihre Grundregeln verstieß. Die Hinwendung des Schauspielers zum Wirklichen (der Hand, die er tatsächlich sah) und nicht zum Dargestellten (der gepflegten Hand einer vornehmen Dame, mit der er sich auf ein Liebesabenteuer einlassen will), die wirkliche und nicht dargestellte Energie und Emotion, das Eindringen dessen, was *ist*, in eine Ganzheit, die *bedeutet* bzw. *bezeichnet*, zerstörten die Theateraufführung, weil sie ihrer »inneren Wahrheit« nicht entsprachen, total »unstimmig« waren, wie man im Theaterjargon sagen würde. Hier hat sich der Schauspieler also schwer an seinem Handwerk versündigt, hat gegen eines der Grundgesetze jeglicher Kunst verstoßen, dass nämlich der Künstler die »innere Wahrheit« des Kunstwerks achtet und daher nur das tut, was die Ganzheit des Werks (die Logik und die Gesetze, die ihm immanent sind und in denen es gründet) erfordert und erlaubt. Er hat sich auch an seinem Publikum versündigt, indem er ihm in dieser einen Szene Bedeutungen offeriert hat, die nichts mit der Aufführung, ihrer Natur und ihrem Ton zu tun haben. Fundamental-, Grund-, Todsünden, würden die Theologen sagen. Und dennoch ist dies einer der aufregendsten Augenblicke in meiner Theatererfahrung gewesen, ein Augenblick, für den ich dem sündigen Schauspieler, von dem ich spreche, noch heute, dreißig Jahre später, dankbar bin.

Worum geht es? Wie lässt sich verstehen, dass ich die Erinnerung an einen schweren Verstoß gegen die Grundgesetze der Kunst wie ein Heiligtum in mir hüte? Ich weiß, jeder Schauspiellehrer würde einen Studenten, der sich derart an den Gesetzen der Schauspielerei versündigte, durchfallen lassen oder mit »mangelhaft« bewerten, und trotzdem … Ich weiß, dass der Schauspieler, von dem ich spreche, ein in jeder Hinsicht vorbildlicher Künstler und ein echter Profi ist, aber trotzdem …

Damit wir uns nicht missverstehen, erwähne ich noch einmal, dass es sich buchstäblich um einen Augenblick gehandelt hat, um einen Moment, den ein weniger aufmerksamer oder weniger erfahrener Zuschauer überhaupt nicht bemerkt hätte, so dass man sagen könnte, die »schweren Sünden« des Schauspielers, von dem wir sprechen, haben den normalen Gang der Aufführung nicht in Frage gestellt. Dennoch ist das, was ich beschrieben habe, tatsächlich geschehen, dieser eine Augenblick hat der dramatischen Grundkonstellation (Liebesspiel zweier Menschen ohne echte Emotion) Eigenschaften zugeschrieben (beziehungsweise verliehen), die sie nicht haben darf, wodurch die Aufführung zu etwas ganz anderem geworden ist als das, was sie hätte sein sollen, zumindest für uns, die wir aufmerksam genug zugeschaut haben. Es ist nicht wichtig, wie viele aufmerksame Zuschauer da waren, Statistik ist in der Kunst kein relevantes Kriterium, wie sehr das den Propheten der Messbarkeit und Wissenschaft auch auf die Nerven geht. Und der Schauspieler muss im Übrigen die aufmerksamsten Zuschauer besonders berücksichtigen, sie sind seine echten Gesprächspartner und Mitarbeiter.

Die Vorstellung, von der ich rede, fand Mitte Januar 1993 in Sarajevo im Kamerni teatar 55 statt. Damals wurde Sarajevo schon fast ein ganzes Jahr belagert, die Stadt wurde systematisch zerstört und ermordet, des Wassers, des Stroms, der Nahrung, der Medikamente, der Heizung beraubt. Die Hände der Schauspielerin, die ihre Hand kokett zum Kuss hinstreckte, waren grob geworden, schwer mitgenommen durch das Sammeln von Heizmaterial, das Abbrechen der Äste von den Bäumen und durch den Kohlenstaub im Keller. Sie waren geschwollen von der Kälte, vom Wäschewaschen, vom unregelmäßigen Waschen der Hände (es gab kein Wasser), vom Teig, den sie kneteten, um Brot zu backen. All das wusste der Schauspieler natürlich, weil er all das mit ihr durchlebte, ebenso wie ihre Zuschauer es wussten, weil sie all das zusammen mit ihnen durchlebten. Die groteske, buchstäblich karikaturhafte Diskrepanz zwischen der Wirklichkeit, die er sah und kannte, auf der einen Seite und der Verpflichtung, die ihm sein Handwerk auferlegte, auf der anderen, die groteske Diskrepanz zwischen der Hand, die er sah, der konkreten, vom Leben unter den gegebenen Bedingungen misshandelten Hand, und der Hand, die er als Schauspieler sehen sollte (der Hand, welche die Gestalt, die er spielt, sieht), diese Diskrepanz zerstörte schlicht das Konzept der Aufführung, negierte das Grundprinzip der Theaterkunst (»als ob«), verdrängte den Schauspieler und brachte den Menschen auf die Bühne. Konfrontiert mit der tiefen Diskrepanz zwischen der Bedeutung, die er herstellen sollte, und dem, womit er das tun sollte, kam der Schauspieler »aus dem Konzept« und begann in seinen Gefühlen und Erfahrungen nach Mitteln und Wegen zu suchen, um diesen Zwiespalt zu überwinden beziehungsweise zu überbrücken, wenn man so sagen kann.

Wie soll man eine dermaßen gezeichnete Hand aus einem Gefühl oberflächlicher Koketterie küssen? Die Aufführung verlangt es, aber die Hand, die geküsst werden soll, lässt es nicht zu. Sie lässt es weder durch ihr Aussehen noch durch die Gefühle zu, die man dieser Hand gegenüber empfinden kann (sie schließt Oberflächlichkeit und zwanglose Koketterie aus), aber auch die Gründe, die zu diesem Aussehen geführt haben, erlauben es nicht, jedenfalls erlauben sie es dem nicht, der sie kennt und der ähnliche Hände hat. Doch es gilt, Gründe zu finden, die hingestreckte Hand zu küssen, wenn du Schauspieler in dieser Aufführung bist, es gilt, sie zu küssen, damit die Aufführung läuft, es gilt, durch den Kuss zu zeigen, dass die Hand schön, attraktiv genug ist, um etwas wie echte Erregung auszulösen, es gilt, zu zeigen, dass du dich an ihr freust und sie begehrst. Um die Aufführung zu retten, griff der Schauspieler zu einem ganz persönlichen Mittel. Er hat zwar nicht der inneren Wahrheit der Aufführung entsprochen, als er dem Kuss jene Energie und Emotion verlieh, aber er hätte seinen Zuschauern die reine Lüge offeriert, wenn er die Hand in dem Augenblick aus oberflächlicher Koketterie geküsst hätte. Welche Sünde wiegt schwerer – die, welche mein Schauspieler begangen hat, oder die, die er vermieden hat, indem er erstere beging?

Ich weiß, dass dies eine Scheinfrage ist, weil der Schauspieler weder nach einem Mittel gegriffen noch irgendetwas entschieden hat. Eine so formulierte Frage setzt nämlich eine bewusste Entscheidung voraus, der ein Dilemma, eine Frage, eine Abschätzung möglicher Lösungen vorhergegangen sind … Aber das alles konnte es natürlich nicht geben, weder gab es Zeit noch Gelegenheit, um nachzudenken oder wenigstens eine Frage zu stellen. Es handelte sich um eine »organische Reaktion«, wenn ich so sagen darf, der »Instinkt« hat eine Lösung in einer Notlage und einen Ausweg aus einer Situation gefunden, die ausweglos schien: In dem Augenblick, in dem der Schauspieler unmöglich wurde, begann der Mensch zu handeln.

Daher denke ich, man müsste beim Versuch, diesen Fall zu verstehen, alle Fragen vernachlässigen, die den Schauspieler betreffen, weil man dem Schauspieler dort, wo der Schauspieler nicht möglich ist, keine Fragen stellen kann. Aber es bleiben Fragen, die sich auf die Aufführung und auf meine Reaktion beziehen. Wie funktioniert eine Aufführung, in der sich die zentrale dramatische Konstellation durch die Wirkung der äußeren Umstände so radikal verändert? Hat der Schauspieler und hat das Theater die Verpflichtung, diese Umstände zu »überwinden« beziehungsweise zu ignorieren? Muss der Schauspieler diese Umstände dennoch berücksichtigen, weil ihre Ignorierung zu der Frage führen würde, ob noch immer Schauspieler sein kann, wer aufgehört hat, Mensch zu sein? Wie ist es möglich, dass ein konservativer, in die Jahre gekommener Professor als wertvolle Theatererfahrung den Augenblick einer schweren Versündigung am Schauspielhandwerk und an den Gesetzen der Theaterkunst in seinem Gedächtnis bewahrt?

Für mich ist es schwer, eigentlich unmöglich, auf die erste Frage zu antworten. Ich weiß nicht, wie eine Aufführung funktioniert, in der die zentrale dramatische Konstellation durch die Wirkung der äußeren Verhältnisse radikal verändert wird, weil für mich diese Aufführung in dem Augenblick, den ich beschrieben habe, aufhörte, eine Aufführung zu sein. Nach dem Kuss, von dem ich spreche, war es für mich keine Aufführung mehr, sondern die Wette eines Menschen mit sich selbst, eine Wette, in der der Einsatz verdammt hoch, vielleicht gerade sein Handwerk selbst war: In der durchgefrorenen, hungrigen und müden Kollegin eine Schönheit zu sehen, sie um jeden Preis zu sehen und auf sie einzugehen, auf diese Schönheit mit etwas zu reagieren, was nicht wirkliche Leidenschaft, aber so etwas wie ein Zeichen von Leidenschaft ist und etwas mehr als ein bloßes Zeichen. Ich bin sicher, dass ich nicht mystifiziere und etwas erfinde, wenn ich sage, dass sich zwischen den beiden Schauspielern, von denen ich spreche, von jenem Kuss bis zum Ende der Vorstellung eine ganz besondere Beziehung entwickelte, etwas, was ich im Theater weder vorher noch nachher gesehen habe. Natürlich war es keine Liebe, aber es war viel mehr als oberflächliche Koketterie und die Bereitschaft zu einem Liebesabenteuer, wie die Vorstellung es verlangte. Da war Freude, Dankbarkeit, da war … Der lange aufrichtige Kuss, den der Schauspieler der Hand seiner Kollegin schenkte, strahlte ungewöhnlich und mehrfach auf ihr gemeinsames Spiel zurück. Es ist klar, dass die Schauspielerin nach dem Kuss die kokette Schöne viel sicherer spielte, es ist ebenfalls klar, dass sie und ihr Partner das »Spiel der gegenseitigen Verführung« viel deutlicher und überzeugender artikulierten (wie kann jemand verführen, der sich nicht schön und begehrt fühlt?), und das war zweifellos die Wirkung des Kusses. Aber außerdem erhielt das Spiel der Schauspielerin nach dem Augenblick, mit dem ich mich die ganze Zeit beschäftige, eine unbeschreibliche emotionale Qualität, die allen Szenen, die sie mit ihrem Kollegen spielte, eine starke Spannung verlieh. War diese »emotionale Qualität« Dankbarkeit für den Kuss? War das die Freude, weil es dem Kollegen gelungen war, die Schönheit und Attraktivität ihrer Hand zu bestätigen, obwohl er sie nicht sehen konnte? Irre ich mich, wenn ich denke, dass die beiden eine Freude und

Dankbarkeit geteilt haben, dass diese gemeinsamen Gefühle sie verbunden haben? Sie bestätigten einander, schön und verführerisch, aufregend und entzückt zu sein, zeigten und bewiesen einander und jeder sich selbst, dass es ihnen gelungen war, alle Nöte zu überwinden, die sie am Spiel hatten hindern wollen. Sie waren lebendig und wirklich, und das bestätigten sie einander von jenem Augenblick bis zum Ende der Aufführung mit jeder Geste und jedem Wort. T.S. Eliot hat gesagt, Hamlets Wahn sei mehr als Verstellung, aber weniger als wirkliche Krankheit; diese Formel übernehmend, würde ich sagen, dass das Spiel der beiden Schauspieler, von denen ich spreche, mehr war als Spiel und nur geringfügig weniger als Wirklichkeit. Oder mehr auch als Wirklichkeit? Mit Sicherheit mehr, weil es ein Extrakt war, es war die Quintessenz, das Wesen der Wirklichkeit selbst, jenes Wesen, mit dem man nicht nur seine eigene, sondern die Wirklichkeit der ganzen Welt, die Wahrhaftigkeit der Existenz beweist, so deutlich zeigt und beweist, dass sie zum reinen Erlebnis wird, an dem man nicht mehr zweifeln kann. Ich erinnere mich, dass die beiden die Vorstellung mit viel Freude und Enthusiasmus zu Ende brachten, sich ihrer selbst und ihres Partners sicher, sich ihrer Existenz und des Sinns sicher, so sicher, wie ein Mensch überhaupt sein kann.

Ich glaube, das ist eine Antwort auch auf die zweite Frage, nämlich, wie es kommt, dass ein konservativer Professor den Augenblick einer schweren Versündigung am Handwerk wie ein Heiligtum in sich bewahrt. Kann man es anders erleben, kann man angemessener auf das reagieren, was sich damals auf der Bühne abgespielt hat, wenn man die Schauspieler kennt und mag? Was auf der Bühne geschehen ist, gehorcht zwar nicht den Regeln des Schauspielhandwerks, aber es hätte ohnehin keinerlei Handwerksregeln gehorchen können, weil es sich hier um etwas Heiliges handelt, und kein Handwerk dieser Welt sich mit dem Heiligen befasst und befassen kann. Der »mystische« Kuss hat meinen Schauspielern ein so klares und starkes Erleben der Wirklichkeit geschenkt, nicht nur ihrer eigenen, sondern auch der objektiven Wirklichkeit, wie es nur in Augenblicken möglich ist, in denen sich den Menschen das Heilige offenbart. In diesem Kuss haben sich Schrecken und Begeisterung vereinigt (nicht vermischt), Furor und Freude, Gefühle der Ohnmacht und der Allmacht, dank des Enthusiasmus – *en theo einai* heißt ja: in Gott sein. Ich denke, genau darüber spricht Rudolf Otto in seinem Buch »Das Heilige«. Ich glaube, auch ich war selig, bin es manchmal noch immer, über das, was zwischen meinen Schauspielern geschah. An ihrem Spiel und an dem, was zwischen ihnen ablief, hatte ich keinen Anteil, aber ich bin sicher, dass mich das, was sich auf der Bühne zutrug, »angehaucht« hat. Ich bin sicher, dass jener Augenblick, jener Kuss eine Offenbarung des Heiligen war, ein Erleben der Wirklichkeit, wie es von seiner Deutlichkeit und Intensität her dem Menschen nur eine Offenbarung schenken kann. Daher neige ich dazu zu glauben, dass das, was ich als Zeuge erlebt habe, ein Ritual war, an dem auch ich nach dem Prinzip der mystischen Partizipation teilhatte, also geradeso, wie man an einem echten Ritual teilhat.

Diese Erfahrung bringt mich dazu, den Begriff der inneren Wahrheit eines Kunstwerks neu zu definieren, nur für mich, ohne den Ehrgeiz, es theoretisch zu artikulieren, weil man es so auch gar nicht artikulieren kann. Die Lehrmeinung besagt, dass die innere Wahrheit eines Kunstwerks die konsequente Verwirklichung seiner grundlegenden Konstruktionsprinzipien bedeutet, der Prinzipien, dank deren es zu einer Ganzheit und damit zu mehr wird als zur Summe seiner Teile. Was ich Mitte Januar 1993 im Kamerni teatar 55 erlebt habe, enthüllte mir, dass in der Kunst noch eine andere Form von innerer Wahrheit möglich ist. Es gibt Umstände, unter denen die Kunst den Menschen als lebendiges Wesen verteidigen muss, indem sie sein Bedürfnis, als ein mit Geist begabtes Wesen zu leben, verteidigt. Und es gibt Umstände, unter denen das überhaupt nur noch die Kunst vermag. Dann ist sie nicht mehr nur essenziell, dann wird sie zu einem existentiellen menschlichen Bedürfnis und offenbart auch jene andere Form von innerer Wahrheit. Ich weiß, das kann man nicht in der Schule lernen, diese Form offenbart sich zu selten und unter Umständen, die keiner kennenlernen möchte. In diesen Augenblicken wird künstlerische Wahrheit zur Wahrheit der menschlichen Existenz, zur Verteidigung und zum Beweis des Menschen als eines mit Geist begabten Wesens. Und ich weiß, nur die Kunst und die Religion können uns diese Art Wahrheit offenbaren.

Gewiss werde ich gar nicht erst versuchen, jemandem meine Erfahrung zu vermitteln und sie mit ihm zu teilen. Es fällt mir nicht ein, im Namen dieser Erfahrung und Erkenntnis, die sie mir gebracht hat, die Wahrheiten der klassischen Lehrmeinung und des Handwerks in Frage zu stellen. Aber ich weiß, was ich erlebt habe und was sich mir bei diesem Erlebnis enthüllt hat, ich weiß, dass mich diese Erkenntnis manchmal noch immer selig macht. Und ich weiß, dass ich bis an mein Lebensende dankbar sein werde für diesen Augenblick, in dem die Lippen sich auf die rissige Hand mit den geschwollenen Gelenken senkten und ihr einen Kuss schenkten, lang wie das Leben, wie die Ewigkeit.

Brief an einen beliebigen Freund

(über die Verantwortung der Literatur
für das Handeln der Menschen)

Ich komme aus einem zerstörten Land.

Vor fünfzehn Jahren hätte ich eine solche Äußerung am Anfang eines Gesprächs über Literatur für unmöglich oder zumindest für unsinnig gehalten, weil ich die verschiedenen Formalismen, Strukturalismen, Konstruktivismen, Dekonstruktivismen und anderen zahllosen -ismen, mit denen mich die Schule konfrontierte, ernst genommen habe – ich habe sie ernst genommen und ihnen geglaubt, dass die Literatur »reine Formen« schaffe, dass sie nichts mit der unmittelbar gegebenen Wirklichkeit zu tun habe, dass es ganz einerlei sei, was erzählt wird, weil allein wichtig sei, wie es erzählt wird, dass das Material die Funktion der Form und nur in dieser Hinsicht nicht zu vernachlässigen sei, während die Thesen über den Inhalt des Kunstwerks widerliche Unterstellungen eines ideologisierten Denkens seien, das längst desavouiert und lächerlich ist.

Bei meiner Arbeit mit Studenten, bei meiner Arbeit an meinen eigenen Texten, bei meinen Bemühungen, die Literatur aus der Außen- und der Innenperspektive zu verstehen, überzeugte ich mich davon, dass ich unrecht hatte, weil die Literatur durchaus etwas mit der unmittelbar gegebenen Wirklichkeit zu tun hat und in einem hohen Maße verantwortlich ist für das Handeln der Menschen in dieser unmittelbar gegebenen Wirklichkeit. Ein literarisches Werk wird aus zweierlei Material geschaffen – aus Sprache und aus metasprachlichem Material: den Gefühlen, Gedanken, Geschehnissen, den Eigenschaften der Gestalten und Ereignisse, dem System der determinierenden Faktoren, welche die Handlungsweisen, Überzeugungen, das Welterleben einer jeden Gestalt, die Natur, den Gang und die innere Logik der Ereignisse und letztlich das Telos des Werkes bestimmen. Dieses System determinierender Faktoren lässt sich nicht auf eine Motivationsstruktur reduzieren; Material, Form, Inhalt und Telos machen das literarische Werk aus (sie sind gleichermaßen wichtig, determinieren, fast könnte man sagen, produzieren sich gegenseitig). Jede dieser Dimensionen des Werks artikuliert Sinn und schafft Werte oder bestimmt zumindest, dank der Natur der ästhetischen Erkenntnis, wie der Mensch diese Werte erlebt, was bedeutet, dass das Werk auf mehreren Ebenen und auf mehrere Arten damit verbunden ist, wie der Mensch die unmittelbar gegebene Wirklichkeit erlebt und in dieser Wirklichkeit handelt.

Die Literatur »diktiert« also oder bestimmt zumindest das Verhalten des Menschen in der Welt mittels eines Systems von Werten, die ihm seine Kultur als »objektiviertes Gefühl des Sinns« und als Instrument auferlegt hat, sein Erleben der Welt und den Grund seines Aufenthalts in der Welt zu artikulieren. Die Auswahl aus dem angeeigneten Wertesystem bestimmt ganz unmittelbar das Verhalten des Menschen in der Welt, weil die Wahl der Werte und das Verhältnis zu ihnen die Grundlage für das ethische Wesen des Menschen ist, aber die Werte selbst und die vom Menschen vorgenommene Auswahl artikulieren und bestimmen am unmittelbarsten gerade die Literatur. Im Unterschied zu anderen Disziplinen, die Werte schaffen oder artikulieren, präsentiert die Literatur sowohl die Auswahlkriterien als auch die Werte selbst »von innen«, als persönliche Wahl und Erfahrung des Menschen, und nicht »von außen«, als Setzung. Die Religion zum Beispiel stellt die Werte, die sie schafft, und die Wahl, die sie suggeriert, über den Menschen und offeriert sie als »göttliche Setzung«; die Philosophie bietet sie als rationale Erkenntnis und Konsequenz dieser Erkenntnis an; die Literatur stellt die Werte, die sie schafft, und die Wahl aus dem System der Werte, die sie suggeriert, dank der Natur der ästhetischen Erkenntnis, die ihrer Art nach der erfahrungsmäßigen am nächsten kommt (das Wort Aisthesis bedeutet unter anderem auch Erkenntnis durch Erfahrung, aber diese Bedeutung wird aus irgendeinem Grund meist übersehen), als ganz persönliche Erfahrung des Menschen und »natürlichen« Teil seines Wesens dar und nicht als Resultat eines rein rationalen Prozesses oder als höheren Auftrag. Daher ist das Empfinden, aber auch die Verteidigung der über die Literatur angeeigneten Werte ein Bedürfnis des Wesens und kein Entschluss des Bewusstseins, ein innerer Auftrag des eigenen Wesens und kein Auftrag des Wissens oder Schicksals.

Hier manifestiert sich die »pädagogische Macht« der Literatur, der die alten Weisen (angefangen von Platon) und die Machthaber, bis hin zu denen in neuester Zeit, Rechnung getragen haben. Sie wussten, dass die Literatur, indem sie das Kultursystem gestaltet, indem sie die Werte artikuliert, die dieses System den Menschen »auferlegt«, die darin leben und in seinem Rahmen die Welt verstehen und erleben, auch das Verhalten der Menschen in der Welt gestaltet und ihr Erleben dieser Welt sowie ihre Wahl aus dem System der Werte, mit denen sie ihrem Aufenthalt in der Welt

Gründe geben wollen. Deshalb bemühten sie sich, sie zu kontrollieren und ein widernatürliches Verhältnis herzustellen, in dem die Literatur im Dienst der Politik stehen sollte, obwohl zwischen ihnen einzig und allein das gegenteilige Verhältnis möglich ist – dass die Politik sich bemüht, die Gesellschaft so zu organisieren, dass es in ihr möglich ist, die durch die Literatur geschaffenen oder artikulierten Werte zu realisieren; die Politik kann ein Instrument der Disziplinen sein (und ist es), die Werte schaffen, während das umgekehrte Verhältnis nur für eine kurze Zeit möglich ist, in der die werteschaffenden Disziplinen dann ihre wahre Natur einbüßen.

Insofern ist die Literatur zweifellos verantwortlich für die Politik, und insofern muss man im Zusammenhang mit jeder Politik nach der Verantwortung und Schuld der Literatur an ihren Formen, Handlungsweisen und Folgen fragen. (Lassen wir die Tatsache außer Acht, dass keine Politik restlos das durch die Literatur geschaffene Wertesystem »realisieren« kann, und lassen wir die Tatsache außer Acht, dass man das hochkomplizierte System eines literarischen Werkes einzig mit unzulässiger Gewalt auf ein Wertesystem reduzieren kann, das sich von irgendeiner Politik verwirklichen lässt. Das sind Themen für eine andere Art von Diskussion, mit denen sich der Autor schon mehrmals befasst hat.) Die Literatur steht besonders in der Verantwortung, seitdem der Rationalismus die Einheit des Wahren, Guten und Schönen, auf die man bis zum Rationalismus zählte, zerschlagen hat. In einer Welt ohne Einheit, in einer Welt, in der es möglich ist, die Atombombe zu bauen und dann jede Verantwortung von sich zu schieben, indem man sich auf die ethische Neutralität der sogenannten exakten Wissenschaften beruft, wie Einstein und seine Mitarbeiter es bei diesem berühmten Projekt getan haben, bleibt der Literatur, als einziger (neben der Religion, die es auf eine andere Art macht) die Einheit der Welt und die Einheit der menschlichen Handlungsweisen zu verteidigen und zu beweisen, indem sie aufzeigt, dass es keine ethisch neutralen Handlungsweisen gibt, weil diese schlicht nicht möglich sind.

Es ist wichtig zu erwähnen, dass diese Verteidigung der Einheit der Welt und der Ganzheit des menschlichen Wesens keine Aufgabe ist, die der Literatur von irgendwo außerhalb zugedacht worden wäre, sondern eine immanente Notwendigkeit, jedenfalls dann, wenn sie mit dem ganzheitlichen Menschen rechnet und sich ihm als einem solchen zuwendet. Will die Literatur sein, was sie einzig sein kann, muss sie die Einheit der Welt und die Ganzheitlichkeit des Menschen verteidigen; andernfalls gerät sie zum Missbrauch des literarischen Könnens und Handwerks.

Solcher Missbrauch hat sich in einer Welt ohne Ganzheitlichkeit und in einer geistigen Atmosphäre, in der das Gute, Wahre und Schöne hoffnungslos getrennt sind, leider nicht vermeiden lassen. Da die Literatur zu den komplexesten menschlichen Tätigkeiten gehört, ist der Missbrauch der Literatur mannigfaltiger und schwerer sichtbar als der Missbrauch in anderen Bereichen der »geistigen Arbeit«, aber angesichts der Wirkung der Literatur in der wirklichen Welt nicht weniger schädlich als sie. Bei dieser Gelegenheit möchte ich von den zahlreichen Formen des Missbrauchs des literarischen Handwerks zwei Formen herausgreifen, von denen man zu Recht sagen könnte, dass sie verantwortlich sind für die Aussage, die ich am Anfang dieses Textes gemacht habe.

Die erste Form von Missbrauch des literarischen Handwerks, von der zu sprechen ich verpflichtet bin, könnte man relativ präzis als l'art pour l'art bezeichnen. Sie kommt vor im Zusammenhang mit verschiedenen »Avantgarden«, literarischen Experimenten und natürlich im Zusammenhang mit dem Kampf für die Freiheit der Literatur, in dem es vor allem zu beweisen gilt, dass das literarische Werk keinen Inhalt habe und dass man das metasprachliche Material völlig vernachlässigen könne, da Literatur wie jede Kunst »reine Form« sei. Indem sie dem literarischen Werk den Inhalt und dem metasprachlichen Material jede Bedeutung nehmen, reduzieren die Autoren solcher Literatur ihr Handwerk auf eine Reihe von Verfahren, mit denen Form geschaffen wird, wobei die formschaffenden Verfahren praktisch nichts mit dem Material zu tun haben, das durch sie geformt wird. So werden die Verfahren, mit denen literarische Form geschaffen wird (die Verfahren, mit denen das Material bearbeitet und geformt wird, waren in gesegneten Zeiten das heilige Geheimnis jedes ernsten Handwerks) auf ein Spiel zum Selbstzweck reduziert, das auf nichts außerhalb von sich selbst verweist, ein Spiel, eingeschlossen in sich selbst wie eine Scherzfrage oder ein Kinderpuzzle.

Ganz gesetzmäßig ist, dass diese Literatur sich für sogenannte subliterarische Genres entscheidet, in denen das metasprachliche Material in der Regel bereits vorgegeben ist, so dass sich das literarische Können bei diesen Genres darin erschöpft, eine erkennbare Form mit der einen oder anderen »Überraschung« zu schaffen. Ganz gesetzmäßig ist auch, diese »Entscheidung für das Genre« mit Ironie zu rechtfertigen – zuerst mit Ironie gegen den »traditionellen Literaturbegriff«, danach mit Ironie gegen die Welt und den Sinnbegriff und schließlich mit Ironie gegen die Gesetze des Genres und die Formen des Genres, welche die Autoren der ironischen Genreliteratur unentwegt produzieren.

Ganz gesetzmäßig ist auch, dass das Vorherrschen dieser literarischen Ausrichtung die lang erträumte absolute Freiheit der Literatur gebracht hat. Die sogenannte ironische Genreliteratur schmückt sich tatsächlich mit absoluter Freiheit, weil man bei ihr nichts bestellt, niemand sie verfolgt, man ihr nichts unterstellt und sie nicht absichtlich falsch liest. Denn dafür gibt es keinen Grund. Wen stört und wer braucht schon ein selbstgenügsames Spiel mit Verfahren, die pseudoliterarisches Material formen? Ein Spiel, das nur sich selbst produziert, indem es beim naiven Leser beiläufig Freude am Erkennen des bereits Gesehenen produziert und natürlich Gleichgültigkeit.

Vielleicht erklärt diese Gleichgültigkeit die absolute Freiheit, welche die moderne Literatur in der modernen demokratischen freien und was nicht alles Welt genießt. Das Maß an Freiheit (und das Maß an Verantwortungslosigkeit, das sich bei voller Freiheit von selbst versteht), das der moderne Schriftsteller in der modernen Welt genießt, wird weder Kranken noch absoluten Herrschern noch Kindern gegeben – es ist das Recht zu tun, was er will, buchstäblich, was er will, solange er sein Handwerk ausübt und sein täglich Brot verdient. Der Arzt, Bäcker, Tischler und Ingenieur, der Telefonist, Minenexperte, Polizist und Schüler sind verpflichtet, die grundlegenden Gesetze ihres Handwerks zu achten und seine Ganzheit zu bewahren, weil keinem normalen Menschen einfällt, in einem experimentellen Haus zu wohnen oder einen ironischen Anzug zu tragen (es sei denn, es handelt sich um den Kaiser in neuen Kleidern) – lediglich der Schriftsteller hat keine Verpflichtungen gegenüber seinem Handwerk und keinen Grund, seine Ganzheit, seine Logik zu bewahren, die Pflichten zu achten, die das Handwerk ihm auferlegt.

Vielleicht erklärt diese Gleichgültigkeit auch eine bereits erwähnte Tatsache – dass die zeitgenössischen Machthaber kein Problem mit der Literatur haben, weil sie sich nicht für sie interessieren, obwohl ihre Vorgänger, so sicher es auch ist, dass sie Platon nicht gelesen und nicht von ihm gelernt haben, wie stark die pädagogische Macht der Literatur ist, sie sehr aufmerksam verfolgten. Die Literatur befreite sich von der Aufsicht durch die Macht voll und ganz, als sie die Freiheit eroberte, ein zu nichts verpflichtendes Spiel, etwas mehr zu sein als nichts, das lediglich Freude am Wiedererkennen und Gleichgültigkeit produziert. Und wieso sollte sich die Macht mit zu nichts verpflichtenden Spielen befassen und wieso sollte sie ihr Augenmerk groß auf die Gleichgültigkeit richten? Weit mehr Sinn und schicksalhaftes Risiko stiftet doch das Gehen auf die Straße (es kann einem ein Ziegel auf den Kopf fallen, aber man kann auch der künftigen Frau seines Herzens begegnen), das Einsteigen in die Straßenbahn (man kann auf einen gewalttätigen Menschen treffen, der eine Dame malträtiert) oder das bloße Händeschütteln (der Mensch, dem Sie die Hand geben, kann eine Infektion haben) als das Schreiben eines Buches, das auf ein Spiel mit literarischen Verfahren reduziert ist. Eine solche Literatur hat wirklich die absolute Freiheit erobert – soll sie sie haben.

Vielleicht erklärt die Gleichgültigkeit, welche diese Literatur produziert, auch das beängstigende Übermaß an Arglosigkeit, das viele gegenwärtige Literaten an den Tag legen, einen Grad an Arglosigkeit, der auch bei einem Kind Besorgnis erregt. Diese Literaten sind verstört durch die Welt (was nicht verwundert bzw. nicht verwundern würde, wenn sie das nicht so auffällig zeigen würden) und reagieren auf alles, auf buchstäblich alles, was um sie herum geschieht, im besten Fall mit der Frage: Könnte man das für eine interessante Wendung nutzen? In ihrem Erleben sind sowohl die Literatur als auch die Welt und sie selbst ganz von ethischen Fragen befreit, was eine logische Folge ist, wenn man die Literatur auf ein Spiel und die Ästhetisierung des Ethischen reduziert. Es sind Menschen, die das Wort »gut« vergessen haben, sei es als Qualifizierung von etwas in der Literatur, sei es als Antwort auf eine Frage im Leben.

Inwiefern ist diese Art Literatur schuld an der Tatsache, dass ich aus einem zerstörten Land komme?

Schuld ist sie indirekt, schuld ist sie insofern, als sie sich an den Grundgesetzen ihres Handwerks und an seiner Ganzheit versündigt und dadurch so viel sie konnte, und sie konnte viel, zur Verbreitung einer allgemeinen Gleichgültigkeit in einer gleichgültigen Welt beigetragen hat. Denn täuschen wir uns nicht – die Welt ist zuerst geschrieben (die heiligen Bücher sagen, sie sei ausgesprochen), und alles, was in ihr geschieht, geschieht zuerst in der Sprache. Das Geschehen in der Sprache geht dem Geschehen in der Welt voraus, was bedeutet, dass die allgemeine Gleichgültigkeit der Welt aus der Sprache, aus dem Schreiben, aus der Literatur erwachsen ist, die sich befreit hat, indem sie sich des Sinns und der Bedeutung, der Gründe und des Werts entledigt und auf ein zu nichts verpflichtendes Spiel reduziert hat.

Die Schuld der anderen Form von Missbrauch des literarischen Handwerks ist nicht so indirekt, sondern direkt –

und so schwer, dass sie nicht zu übersehen ist. Ich denke an die Literatur mit prophetischen Ambitionen, also an den Gebrauch der Literatur zu politischen Zwecken, an die Literatur, die, indem sie scheinbar die Ganzheit ihres Handwerks bewahrt, dieses Handwerk zur Produktion von Anhängern und nicht zur Artikulierung von Sinn bzw. zur Schaffung und Aufdrängung falscher Werte gebraucht. Wenn man die erste Form von Missbrauch der Literatur relativ präzise als l'art pour l'art bezeichnen konnte, könnte man diese gleichermaßen (un)präzise als »Heroisierung« der Literatur bezeichnen. Worum geht es?

Diese Literatur bewahrt die Ganzheit ihres Handwerks und achtet scheinbar all seine Gesetze. Sie achtet sie eigentlich alle außer einem, einem grundlegenden – dass man das Handwerk nicht für Böses nutzen darf. Literaturkritisch betrachtet, ist sie eine interessante Kombination der realistischen Literatur des 19. Jahrhunderts und der mittelalterlichen Literatur, wobei sie mit dem Realismus des 19. Jahrhunderts durch die technischen Verfahren zur Bearbeitung des metasprachlichen Materials und mit der mittelalterlichen Literatur durch die Prinzipien, nach denen das Material ausgewählt wird, und durch die Art des gewählten Materials verbunden ist.

Wie in der realistischen Literatur des 19. Jahrhunderts ist das Erzählen hier logisch geordnet und motiviert, die Gestalten sind als relativ ganzheitliche Systeme mit relativ klar definierten Eigenschaften konstituiert, aus denen ihre Handlungsweisen logisch hervorgehen, die Motivierungssysteme sind ganzheitlich und gut geordnet ... Der Unterschied zur realistischen Literatur des 19. Jahrhunderts und die Verwandtschaft mit der mittelalterlichen Literatur besteht gerade im Verhältnis zu den Gestalten, weil die Gestalt hier nie einfach als Charakter, als Schicksal, als Protagonist eines Ereignisses fungiert, sondern obligatorisch als Vertreter einer Gemeinschaft, als Vertreter von etwas, das umfassender und wichtiger ist als sie, als Konkretisierung eines Paradigmas. In der mittelalterlichen Literatur handelte es sich natürlich um eine Glaubensgemeinschaft oder eine soziale Gruppe (zum Beispiel die Ritter), während dieses Paradigma in der Literatur, von der ich jetzt spreche, die Nation oder eine politische Partei verkörpert. Die Gestalten dieser Literatur sind in erster Linie Serben, Kroaten, Kommunisten, Royalisten oder etwas Ähnliches und erst dann, an zweiter oder dritter Stelle, Menschen mit einer bestimmten Kombination von Eigenschaften.

Diese Logik, die für die mittelalterliche Literatur (für das Drama ebenso wie für die Prosa) so charakteristisch ist, sieht man ganz deutlich an der Art, wie hier die Motivierungsmechanismen funktionieren. Das Schicksal des Helden bestimmt nämlich in dieser Literatur nicht sein Charakter, sondern seine Zugehörigkeit, weil seine Handlungsweisen und das, was ihm widerfährt, stärker davon abhängen, wohin er gehört, als davon, wie er ist. In allen Ritterromanen muss der Ritter im Einklang mit dem ritterlichen Ideal handeln, sich also »reizend benehmen« und tapfer kämpfen, auch wenn er sich mit zwei Dämonen konfrontiert sieht, wie Iwein, der Ritter mit dem Löwen; ebenso muss der Gläubige nach einer schweren Versündigung bereuen, selbst wenn er seine Seele dem Leibhaftigen verkauft hat, wie es der unglückliche Theophilos tat. Die Zugehörigkeit bestimmt das Schicksal und die Handlungsweisen, und die menschliche Identität, als Gesamtheit der erkennbaren Eigenschaften in ebensolchen Verhältnissen, ist lediglich eine Nebenerscheinung und eigentlich eine Folge der Zugehörigkeit, würden die mittelalterlichen Autoren und die Autoren dieses Typs zeitgenössischer Literatur sagen. Denn in dieser Literatur ist es wie in der mittelalterlichen Literatur, dem Menschen widerfährt das, was ihm widerfährt, weil er Serbe oder weil er Kommunist ist, und nicht, weil er so oder so ist; ebenso tut er das, was er tut, handelt er, wie er handelt, weil er Serbe ist, liebt er seine Frau, wie er sie liebt, nur weil er Serbe bzw. Kommunist ist, und so weiter. (Obwohl man Letzteres nur unter ernsten Vorbehalten sagen kann, weil den Autoren, von denen ich spreche, Frauengestalten und Liebesepisoden schlecht von der Hand gehen, vielleicht weil eine Frauengestalt weit mehr Probleme schafft und weit mehr Feinheit erfordert, als für heroische Vereinfachungen notwendig ist.)

Was bekommt man, wenn man die für die mittelalterliche Literatur charakteristischen Motivierungsprinzipien und die für die Literatur des psychologischen Realismus charakteristische Motivierungstechnik so kombiniert? Man bekommt den literarischen Bastard, von dem ich gerade spreche, eine Literatur, in der die Gestalt ihrer Zugehörigkeit entsprechend fühlt, wünscht, atmet und denkt. Die Gestalten der mittelalterlichen Literatur sind nicht individualisiert, sondern betont typisiert und paradigmatisch, weil die mittelalterliche Literatur ihre Gestalt aus der Außenperspektive betrachtet, so dass der Roman oder das Drama schlicht ihr Handeln registriert. Und die Gestalt erfüllt, wie es sich in dieser Literatur gehört, schlicht »eine Aufgabe«: Der Ritter handelt, wie er handelt, weil ihn dazu das Ideal verpflichtet, dem er dient; der Gläubige handelt, wie er handelt, weil der Wille Gottes über seinem steht, stärker als seiner und seinem übergeordnet ist. Dabei ist es möglich, dass das Handeln auch im Gegensatz zum konkreten individuellen Wunsch steht, wie es dem Ritter widerfährt, der verletzt in der Burg des Schwarzen Ritters liegt und sich in dessen Frau verliebt, aber im Namen des Ideals seiner Liebe entsagt (um nicht an Tristan und Isolde zu erinnern, die sich übrigens nicht unbedingt allzu sehr zurückgehalten haben, allerdings wegen des verdammten Liebestranks). In der Literatur des psychologischen Realismus, von der dieser literarische Bastard die Technik übernommen hat, wird die Gestalt in hohem Maße individualisiert, die Perspektive in die Gestalt hinein verschoben, so dass dem, was sie fühlt, denkt, wünscht, will, und dem, was sie tut, die gleiche Aufmerksamkeit gewidmet wird. So fühlen, wünschen, denken … die Gestalten dieser Bastardliteratur ganz individuell ihre bloße Zugehörigkeit. Durch diese Motivierungstechnik wird – muss man das eigens erwähnen? – das Kollektiv, dem die Gestalt angehört und das durch die Gestalt schlicht als Paradigma konkretisiert, verkörpert, inszeniert wird, vergöttlicht und beginnt so zu funktionieren, wie in der mittelalterlichen Literatur die Gottheit funktioniert hat: Die Gestalt ist ganz vom Kollektiv, dem es angehört, durchdrungen und gleichzeitig restlos in ihm enthalten.

So erscheint in der Literatur, die ich als Beispiel für den Missbrauch des literarischen Handwerks zur Schaffung falscher Werte erwähne, die politische Gemeinschaft als Gott und die Zugehörigkeit zur politischen Gemeinschaft als Schicksal. Außerhalb der Zugehörigkeit zur politischen Gemeinschaft gibt es keine Gefühle, keine Wünsche, keine Gedanken und kein Handeln, das Schicksal liegt in dieser Zugehörigkeit, und alles, was der Mensch in sich, um sich, über sich und wo auch immer haben kann, ist diese politische Gemeinschaft.

Dieses so geartete Motivierungssystem wird entsprechend mit einer Sujetkonstruktion kombiniert, bei der es sich wieder um einen Bastard aus den für die mittelalterliche Literatur charakteristischen Konstruktionsprinzipien und aus der für die realistische Literatur des 19. Jahrhunderts charakteristischen Konstruktionstechnik handelt. Einerseits bildet das Sujet immer das Leid einer Gestalt wegen ihrer politischen Zugehörigkeit (sei es, weil sie gegen das Kollektiv aufbegehrt, dem sie angehört, wie der Sünder in der mittelalterlichen Literatur gegen Gott aufbegehrt, sei es, weil die anderen, die Feinde, sie wegen ihrer Zugehörigkeit zu diesem Kollektiv strafen, wie man im »Wunder des heiligen Nikolaus« den gefangenen Kreuzfahrer strafte, den der Tod nicht wollte), andererseits ist dieses Sujet als Kette ganz individueller Handlungen und Ereignisse gefügt, die logisch auseinander folgen. Und das produziert dann gesetzmäßig den literarischen Bastard, in dem sich das Märtyrerschema als Kette einzelner individueller Entscheidungen und Handlungen artikuliert.

So haben wir eine Literatur bekommen, die das Kollektiv als Gottheit darstellt und die Zugehörigkeit zum Kollektiv als höchsten Wert, der überhaupt möglich ist und alles übersteigt, was der Mensch als Einzelperson haben, wünschen oder wollen, glauben, träumen oder verwirklichen kann. Der Mensch ist unwürdig, wenn er ein Individuum ist, er muss alles Individuelle in sich überwinden und sich vollständig im Kollektiv auflösen, von dem er ohnehin ganz durchdrungen und in dem er ohnehin restlos enthalten ist. Diese »Transzendierung« des Individuellen muss seine Entscheidung sein, genauso wie sie sein Schicksal ist, wovon so viele von unseren Romanen und »inspirierten« Gedichten zeugen. Und diese Transzendierung seiner selbst ist ein heroischer Akt der Hingabe, durch den der Mensch gleichzeitig er selbst und das Kollektiv wird (ähnlich den Helden, die die Frucht der Liebe zwischen einem heidnischen Gott und einer Frau waren), also ein menschliches und göttliches Wesen in einem, weswegen man bei diesem literarischen Bastard von der »Heroisierung« der Literatur spricht.

Der Verrat an der menschlichen Individualität und die Überschreitung des menschlichen Maßes sind in allen normalen und gesegneten Zeiten Sünden. In der hellenischen Tragödie gab es den Chor als Maß des Menschlichen und als Zeugen für die große Sünde derer, die dieses Maß überschreiten wollten. Schon da, bei dieser Grundsünde, beginnt die Schaffung falscher Werte in diesem Typ von Literatur und ihr Dienst am Bösen. Ein Hadith sagt, es sei eine Grundsünde zu behaupten, es gebe keinen Gott, und dem Menschen, der das gesagt habe, sei alles erlaubt. So ist es auch hier: Nachdem sie die Grundsünde begangen hat, verhält sich diese Literatur, als wäre ihr alles erlaubt, und ruft die Menschen dazu auf, »Kinder lebendig ins Feuer zu werfen« (Đura Jakšić), gestaltet mit literarischen Mitteln eine Mutter, die der Revolution, die ihr drei Söhne genommen hat, weitere Söhne anbietet, so viele, wie notwendig sind (bei Skender Kulenović), fordert zur definitiven Abrechnung mit Menschen anderen Glaubens auf oder erklärt, dass alles Übel, das ein Kollektiv trifft, von dem anderen Kollektiv kommt.

Aber warum sage ich das alles eigentlich? Es sind doch Dinge, die allgemein bekannt sind, weil die Führer der serbischen nationalistischen Parteien, die Jugoslawien zerstört und in den Krieg gestürzt haben, überwiegend Literaten und Literaturprofessoren sind. Auch allgemein bekannt ist, dass sie, wenn das einmal endet, auf die Frage nach der Verantwortung müde abwinken werden, in der Manier eines Weisen, der sich dem Jenseitigen widmet, weil sie doch vor allem Literaten sind. Aber ich spreche nicht von ihnen, ich spreche von der Literatur. Mich interessiert nicht ihre persönliche Schuld (Gott wird sie sicher richten und vielleicht auch anständige Menschen vorher), sondern die Schuld meines Handwerks, mit dem ich mich nicht befassen kann, bevor ich Antworten auf einige Fragen gefunden habe. Es sind Fragen, die wir beharrlich umgehen, indem wir Dornröschen spielen, das von der reinen Form, der Schönheit des Jenseitigen und ähnlichen esoterischen Kopfgeburten träumt, indem wir glauben, uns werde nie der Kuss eines Prinzen wecken, rot von Kinderblut. Es sind Fragen, auf die ich antworten muss, um mich weiter mit der Arbeit befassen zu können, mit der ich mich befassen muss: Welche Verantwortung trage ich für all das, was habe ich nicht getan, aber tun können und müssen, um diese Schrecknisse zu verringern, was habe ich getan, um zu alldem beizutragen? Denn verantwortlich bin ich durchaus, ich bin ein Kollege dieser Leute, ich teile die Sprache und das Handwerk mit ihnen, einige von ihnen kenne ich persönlich, so dass ich wohl kaum wirklich ganz unschuldig bin.

Eine meiner Verfehlungen entdeckte ich, als ich über die erste Form von Missbrauch der Literatur sprach: Ich war gleichgültig und habe die Freiheit der Literatur ernst genommen, die nur deshalb frei ist, weil sie zu bedeutungslos ist. Die zweite entdecke ich jetzt, während ich die Eigenschaften niederschreibe, derentwegen die Literatur mit prophetischen Ambitionen ein lächerlicher und trauriger literarischer Bastard ist – vielleicht säße wenigstens einer von denen, die morden, jetzt abseits und schwiege, wenn ich ihn rechtzeitig gewarnt hätte, was es in Wirklichkeit für eine Literatur ist, die er bewundert. Aber wird es nur das sein? Werden mein Handwerk und ich so wenig Schuld tragen? Denn vergessen wir nicht, dass die Welt zuerst geschrieben, dann ausgesprochen war und erst dann materiell entstand. Und vergessen wir nicht, dass ich aus einem zerstörten Land komme. Mein Gott, wie kann ich das wenigstens für einen Augenblick vergessen?

Einzelheiten

Das Hotel »Evropa«

Das Hotel »Evropa« ist sowohl technischer als auch semantischer Mittelpunkt der Stadt Sarajevo. Technischer Mittelpunkt insofern, als es genau auf der Grenze zwischen dem türkischen und dem österreichisch-ungarischen Teil der Stadt liegt, also im Mittelpunkt dessen, was die Stadt Sarajevo eigentlich ausmacht, weil es die Grundlage ihrer Identität als Kombination von Tatsachen und Eigenschaften bildet, die mit dem Namen Sarajevo verbunden sind. Sarajevo – das sind der türkische und der österreichisch-ungarische Teil der Stadt in ebendieser Kombination von qualitativen und quantitativen Beziehungen, während alles andere, was, mechanisch betrachtet, Sarajevo ausmacht, schlicht Bauten sind. Das Hotel »Evropa« ist also der Mittelpunkt der Stadt Sarajevo, weil das, was nach Österreich dazu gebaut wurde, nicht Stadt (als Ort der Identität) ist, sondern eine Ansammlung von Gebäuden, deren objektive Brauchbarkeit die Unpersönlichkeit und die Anonymität ihrer Ansammlung nicht in Frage stellt.

Noch offensichtlicher ist das »Evropa« semantischer Mittelpunkt der Stadt Sarajevo. Es wurde, wie ich sagte, am Rand des türkischen Teils als Grenze zwischen diesem und dem österreichischen Teil der Stadt erbaut. Und wenn ich »Grenze« sage, meine ich einen Ort, der zugleich drinnen und draußen liegt, einen Ort, der zu dem gehört, was begrenzt, und doch etwas ganz anderes ist. Im »Evropa« begegnen, berühren und ergänzen sich zwei Epochen und zwei Gesichter der Stadt Sarajevo, weil das »Evropa« die Grenze zwischen ihnen ist, also der Ort, der sowohl zum einen als auch zum anderen gehört, aber gleichzeitig außerhalb des einen wie des anderen liegt.

Mit dem »Evropa« endet der türkische Teil der Stadt. Mit seinem pseudoorientalischen Baustil, mit dem Österreich erreichen wollte, dass es sich in Sarajevo wie zu Hause fühlte, gehört das »Evropa« zu diesem Teil der Stadt, wie ein Gegenstand und sein Spiegelbild in einem Zerrspiegel zueinander gehören. So zum Beispiel, wie zu Bosnien die »Sevdalinke« gehören, die in Wien auf Verse deutscher Dichter komponiert wurden – dort längst vergessen, aber in Bosnien noch immer geliebt. Es gehört so dazu, wie unser Bild im Blick des anderen zu uns gehört – ein Bild, das gleichzeitig und gleichermaßen von ihm und von uns spricht. Zum türkischen Teil der Stadt gehört das »Evropa« auch durch die naiven Bilder nach orientalischen Motiven und durch die Teppiche, die orientalischen nachempfunden sind, sowie durch die Tatsache, dass das Restaurant, der Teil des Hotels, in dem gespeist wird, wie im bosnischen Haus ganz im Innern liegt. Kurz, das »Evropa« gehört auf all die Arten zum türkischen Teil der Stadt, wie das Bild unseres Wesens im Blick eines anderen Menschen wirklich uns gehört.

Mit dem »Evropa« beginnt der österreichische Teil der Stadt, zu dem es durch seinen Namen, die Organisation des Hotelbetriebs, die bauliche »Herkunft« gehört. Das »Evropa« ist das erste mitteleuropäische Hotel in diesem Teil der Welt und der reinste Teil Mitteleuropas in Sarajevo. Und wenn ich Mitteleuropa sage – meine ich die Vielfalt kleiner ethnischer Gruppen, die daran gewöhnt sind, in Toleranz, gegenseitiger Durchdringung und ehrfürchtiger Wahrung der fremden Identität zu leben, die meine eigene nur dann bestätigt, wenn ich sie anerkenne. Die daran gewöhnt sind, so zu leben, wie im Hotel »Evropa« das Orientalische und das Mitteleuropäische leben. Wenn ich Mitteleuropa sage, meine ich auch das Gefühl, dass Kultur vor allem und mehr als alles Lebensart, stille Gestaltung des Tages und des Lebensumfeldes ist und keine prätentiöse Produktion epochaler Projekte und »kosmischer Systeme«. Wenn ich Mitteleuropa sage, meine ich auch eine ausgesprochen humorvolle Beziehung zu sich selbst und zur Welt, eine Beziehung, die Distanz zu sich selbst schafft und so Tolerierung und Achtung des anderen ermöglicht.

So und darum ist das Hotel »Evropa« semantischer Mittelpunkt der Stadt Sarajevo. Indem es den Orient und Mitteleuropa zusammenbringt, sammelt das Hotel wie ein Prisma die diffusen Strahlen dessen, was Sarajevo in Wahrheit ist. Ich weiß, man kann nicht sagen, was »der Geist Sarajevos« oder »die Identität Sarajevos« ist; man kann es nicht sagen, weil man es nicht definieren kann, aber man kann es ästhetisch erkennen, also durch Erfahrung – indem man aus Gewohnheit auf einen Kuchen oder ein Eis ins Hotel »Evropa« geht, nicht um des Kuchens willen (der anderswo, Hand aufs Herz, viel besser ist), sondern um des Hotels »Evropa« willen, in dem man Sarajevo mit den Fingerkuppen, am Duft, an etwas Drittem wahrnimmt. Man nimmt es in sich wahr, wie einen Teil von einem selbst, und so versteht man es dann auch. Sarajevo kennen bedeutet, die Gewohnheit und das Bedürfnis zu haben, relativ regelmäßig ins Hotel »Evropa« zu gehen.

Ende Juli 1992 wurde das Hotel »Evropa«, in dessen Räumen geflüchtete Frauen mit ihren Kindern untergebracht waren, durch ein Artilleriegeschoss in Brand gesetzt. Von den darauffolgenden Geschossen wurden fünf der Sarajevoer umgebracht, die versuchten, die Flammen zu löschen und so ihr Hotel zu retten.

Die Juden von Sarajevo

Nach Sarajevo kamen die Juden Anfang des 16. Jahrhunderts, nachdem Ferdinand und Isabella sie aus den rückeroberten spanischen Territorien vertrieben hatten. Es handelte sich um unsere Sepharden, die die spanische Sprache und das Ladino, die hebräische Religion und Kultur, die Erinnerungen an lange Jahrhunderte des Wanderns mitbrachten und das Gefühl, das viel tiefer geht als das Bewusstsein, weil es auch die Bereitschaft, die vollkommene Tatbereitschaft beinhaltet, dass Übersiedeln der reale Zustand des Menschen auf dieser Welt ist. Sie brachten zu alldem praktische Kenntnisse mit, von denen es in Sarajevo vor ihrer Ankunft nicht genügend gab.

Sie besiedelten Bjelave, einen bis dahin unbewohnten Berg, der sich von ihrer Ankunft an zu einem neuen Stadtviertel entwickelte, damals wie heute ein Synonym für Armut und ein Leben in einer festen Gemeinschaft, deren Angehörige sich gegenseitig helfen. Nur dass Bjelave längst aufgehört hat, ein exklusiv jüdisches Viertel zu sein, wie die Armut längst aufgehört hat, das wichtigste Merkmal der Sarajevoer Juden zu sein. Und wie die Sepharden längst aufgehört haben, die einzigen Sarajevoer Juden zu sein, weil nach der großen und äußerst bedeutenden Einwanderungswelle der Sepharden mehrere Wellen von Aschkenasen aus dem Norden in die Stadt kamen, die neue Sprachen und neue Bräuche, neue Kulturformen und das immer gleiche jüdische Gefühl mitbrachten, dass Übersiedeln der natürliche Zustand des Menschen ist.

Die Ankunft der Juden in der Stadt spürte man sofort, nicht nur an den neuen Sprachen, neuen Bräuchen und neuen Menschen, sondern auch an der Fähigkeit der Neubürger zu arbeiten und zu verdienen, reich zu werden und Häuser für sich selbst und eine Stadt für alle zu bauen. Sehr bald nach der Ankunft der Sepharden gab es in Sarajevo so viele reiche Juden, dass ihre Anwesenheit in der Geschäftswelt und im Leben der Stadt deutlich zu spüren war. Und mit ihrem Reichtum wuchs auch ihre Zahl und wuchs ihr Friedhof auf einem wunderschönen Berg, etwa zwei Kilometer von der äußersten Westgrenze der Stadt entfernt, die zu dieser Zeit durch die Magribija, die (westliche) Moschee, gekennzeichnet war. Ich erinnere mich an die Namen, denen ich das erste Mal auf diesem Friedhof begegnete und dann wieder im Katalog einer großen Ausstellung zur Architektur von Bosnien und Herzegowina in der Zeit von 1878 bis 1914: Daniel A. Salom, Samuel Sumbulović, Josef Zadik Danon, Avram Zadik Danon, Josef Sabetaj Finci, Mordohaj Atijas, Izidor Izrael, Aron Musafija … Es sind die Namen der Auftraggeber von großen Wohn- und Geschäftshäusern, die einen nicht zu vernachlässigenden Teil der Physiognomie Sarajevos darstellen, und Namen, die auf einigen Grabsteinen auf dem großen jüdischen Friedhof stehen, einem der Orte, die ich direkt nach meiner Ankunft in Sarajevo kennen- und lieben gelernt habe.

Interessant ist das mit dem jüdischen Friedhof. Er ist nicht wie die muslimischen Friedhöfe (haremi), die keine Friedhofsatmosphäre schaffen, weil sie eher Gärten gleichen und zu den beliebten fußläufigen Ausflugszielen gehören, völlig natürlich und für jeden normal. Der jüdische Friedhof sieht aus wie ein Friedhof und verbreitet »Friedhofsatmosphäre«, ist aber trotzdem ein Ort, an dem sich die jungen Sarajevoer sehr oft treffen. Ich kenne Paare, die gerade hier, auf dem jüdischen Friedhof, ihre ersten Küsse getauscht haben. Warum ist das so? Wie ist es möglich, dass ein Ort, der in allem und mit all seinen Eigenschaften an das erinnert, was er ist, über mehrere Generationen hinweg so in das Leben einer Stadt integriert sein kann? Darüber habe ich viel nachgedacht (vielleicht weil ich selbst oft »auf eine Zigarette« zum jüdischen Friedhof gehe, der eine wunderschöne Sicht auf den österreichisch-ungarischen Teil Sarajevos bietet) und darüber mit mehreren Menschen gesprochen, aber uns ist es nicht gelungen, eine Antwort zu finden. Es ist einfach so. Die Sarajevoer haben aus dem jüdischen Friedhof einen Ort gemacht, zu dem man gerne spaziert, einen Ort, der sich auf viele Arten in ihr Leben integriert hat und auf sehr schöne Art Teil ihres Alltags geworden ist.

Im April 1992 mischte sich der jüdische Friedhof auch in unseren Tod ein, zum ersten Mal, seitdem der jüdische Friedhof und diese Stadt zusammengehören. Ausgerechnet vom jüdischen Friedhof schossen die Scharfschützen der Jugoslawischen Volksarmee sehr präzise und sehr tödlich auf die Bürger. War das gesetzlich? Und nach welchen Gesetzen geschah es, wenn es das war?

Ich weiß, es geschah nach denselben Gesetzen, die wollten, dass die Angriffe auf Sarajevo in dem Jahr begannen, in dem die jüdische Gemeinde den 500. Jahrestag ihrer Vertreibung aus Spanien und ihrer Ankunft in Sarajevo feierte. Dieses halbe Jahrtausend gemeinsamen Lebens wurde in einer umzingelten Stadt gefeiert, die halb zerstört und von allen Seiten von schwerer und schwerster Artillerie umstellt war, so dass nicht einmal ein Vogel hineinkonnte, aber es wurde schön, pathetisch gefeiert, wie man allein einen Jahrestag der Vertreibung feiern kann. Ich dachte in diesen Tagen, in denen wir alle wahrhaft erschüttert waren und uns mit Tränen in den Augen durch die Stadt bewegten, vor den Granaten weniger auf der Hut als sonst, ich dachte in diesen Tagen, dass die Feier eines solchen Jubiläums unter normalen Bedingungen zwangsläufig etwas Gekünsteltes an sich gehabt hätte. Aber warum, mein Gott, musste sie diese Art von Wahrhaftigkeit haben? Warum ahnten und spürten wir alle, wenigstens für ein paar Augenblicke, ganz deutlich, dass der Feier etwas Schicksalhaftes und etwas allzu Schmerzliches anhaftete? Ich wollte, wir hätten weniger wahrhaftig und weniger symbolisch gefeiert, ich wollte es, auch wenn eine solche Feier weniger schön und weniger erfreulich für uns alle ausgefallen wäre. Aber wir haben gefeiert, wie wir gefeiert haben – in der halbzerstörten Stadt. In der Stadt, die nur deshalb von diesem Schicksal ereilt wurde, weil ihre Bewohner mit allen religiösen, sprachlichen, kulturellen Unterschieden zusammenleben wollten.

Knapp zwanzig Tage nach der Feier, auf der viele schöne Worte und mancher Schwur ausgesprochen worden waren, löste sich alles auf: Knapp zwanzig Tage nach der Feier ging fast die gesamte jüdische Gemeinde aus der Stadt fort, in eine neue Verbannung (zurück blieb etwa ein Dutzend von fanatisch in ihr Heim und ihre Stadt vernarrten Juden). Die gleichen Gesetze, die wollten, dass unser jüdischer Friedhof sich zum ersten Mal auch in unseren Tod einmischte, die gleichen Gesetze, die wollten, dass unsere Juden auf diese Art den 500. Jahrestag seit einer Vertreibung und der Ankunft in ihrer Stadt feierten, die gleichen Gesetze, die wollten, dass ihre Stadt vor ihren Augen einfach verschwand, diese Gesetze wollten, dass Sarajevo, fünfhundert Jahre nachdem es seine Juden bekommen hatte, praktisch ohne sie zurückblieb. Ohne die Gemeinde, die ihm Universalität verliehen hatte, ohne die Gemeinde, dank deren es die Welt in verdichteter Form und ihr kleines Herz war, ohne die Gemeinde, die seine Physiognomie wesentlich bestimmt hatte.

Ich nahm Abschied von unseren Juden und wünschte ihnen Glück, mit einem schmerzhaften Kloß im Hals, mit dem Hauch des Todes in der Seele, weil ich spürte, dass an diesem Tag etwas Wunderschönes für immer aufhörte. An diesem Tag erinnerte ich mich an eine Geschichte, mit der mir mein Freund Albert Goldstein erklärt hatte, warum er nicht nach Israel übersiedle und warum er denke, dass die jüdische Gemeinde auf der Welt in Israelis und Juden gespalten sei. »Meine Ahnen sprechen schon seit zweitausend Jahren in der Nacht, in der ihr größter Feiertag beginnt, einen Satz der Hoffnung, einen Schwur aus: Nächstes Jahr in Jerusalem. Dieser Satz hat sie aufrechterhalten, dieser Satz ist die vertikale Achse ihres Welterlebens und ihres Platzes in der Welt, dieser Satz ist ein unerlässlicher Teil unserer Identität. Ausgesprochen direkt in der Stadt Jerusalem, hat er schlicht keinen Sinn. Und es ist dumm, auf den idealen Mittelpunkt der Welt zu verzichten, auf den zweitausend Jahre alten Traum zu verzichten, auf die eigene Identität zu verzichten – für eine bestimmte Anzahl von Gebäuden, welche die reale Stadt Jerusalem ausmachen.« So hat mein Freund Albert Goldstein zu mir gesprochen – schön, weise und geistreich. Vielleicht auch wahr, aber diese Wahrheit tut höllisch weh, wenn man sie konkret und real erlebt.

Spätnachts, am Tag, als wir uns von den Juden verabschiedet hatten, spürte ich mit einem Schmerz, der mir den

Atem abschnitt, dass meine Stadt eigentlich schon ins Ideale übergesiedelt war, in dem sich zweitausend Jahre lang als direkter Mittelpunkt der Welt das jüdische, Goldstein'sche Jerusalem befunden hatte. Ich sah hinter gesenkten Wimpern, wie Sarajevo, so zerstört und so geliebt, wie es war, geliebt wie nie zuvor, von der Erde abhob, zu fliegen begann und irgendwohin flog, dorthin flog, wo alles sanft und friedlich ist, ins tiefste Innere der Wirklichkeit, dorthin, wo es geliebt und geträumt werden, dorthin, von wo es uns mit dem Gefühl von Sinn und Ziel bescheinen kann.

Heißt das, mein Gott, dass ich meinem Sarajevo im Innern bereits entsagt habe? Heißt das, dass es in dieser Welt so, wie ich es kenne und liebe, gar nicht mehr existiert? Heißt das, wenn das, was geschieht, Dein Wille ist, dass es zu gut und zu schön war für diese Welt, die, scheint es, doch nicht in allem Deiner, ihres Schöpfers, würdig ist? Werden meine Mitbürger und ich in den nächsten fünftausend Jahren wirklich in der Nacht vor jedem Feiertag und in der Nacht, in der ein Tag beginnt, von dem wir uns wünschen, dass er schön wird, wie einen Traum, Schwur und ein Gebet aussprechen: Nächstes Jahr in Sarajevo? Und es, unser Sarajevo, bescheint uns mit dem Gefühl von Sinn und Hoffnung, immer weiter weg von uns und von dieser Welt.

Sprache und andere Verluste

Drei Schritte zum Teufel

Das Ende der politischen Gesellschaft?

1. Die große Diskursverwirrung

»My name is Bond, James Bond«, rief Genosse Letica, unser Lehrer im Fach moralisch-politische Erziehung, als er an einem heißen Mainachmittag des Jahres 1968 das Klassenzimmer betrat. Dann ging er zu seinem Tisch, legte das Klassenbuch ab, hob die nun freie rechte Hand und wiederholte seinen englischen Satz etwas leiser, aber nicht minder genussvoll. Und dann, nach einer langen Pause, ließ er die Hand sinken und begann mit dem Unterricht.

Zuerst wies er uns darauf hin, wie schlau die Bourgeoisie es anstellte, aus ihren Spionen echte ideologische Helden zu machen, wie meisterhaft sie alle Morde, Lügen, Diebstähle, alle nur vorstellbaren und unvorstellbaren Verbrechen, die »im Namen ihrer Herrscher« und »zu ihrem Nutzen« verübt wurden, als Heldentaten und sympathische Abenteuer auszugeben. James Bond fragt weder nach Gründen noch nach Gerechtigkeit noch nach Wahrheit – wie eine Maschine mordet er für »Ihre Majestät, die englische Königin«, er raubt, er lügt und ist seinen Vorgesetzten ohne Wenn und Aber zu Diensten. »So sieht kluge Politik aus – das ist wahrer Patriotismus«, sagte Genosse Letica, indem er uns die

Filme mit dem englischen Agenten 007 in Erinnerung rief. Weiter ging es mit einer ziemlich langen Betrachtung über die Antiquiertheit der klassischen Ethik, die uns glauben machen will, man könne klar auseinanderhalten, was ein Verbrechen ist und was nicht, und die so tut, als wüsste sie, was ein Verbrechen überhaupt ist, um dann im Lichte dieses Wissens Mord, Lüge, Betrug, Illoyalität gegenüber Freunden und so weiter und so weiter zu untersagen. »Ist es würdelos und unmoralisch, andere Leute in ihren eigenen vier Wänden zu belauschen? Ist es schäbig, in fremdem Müll und in anderer Leute schmutziger Wäsche zu wühlen?«, fragte er uns plötzlich und tat, als sähe er nicht, wie präsent wir in dem heißen Klassenzimmer tatsächlich waren. »Nein, es ist gerade nicht schäbig, wenn man damit dem Vaterland dient!«, rief er nach einer kurzen Pause und schlug mit der Hand auf den Tisch. »Das lehren uns die James-Bond-Filme. Wenn man für jemanden mordet, dem man dient, dann ist Mord nicht zu verurteilen – das müssen wir von denen im Westen lernen.«

Es folgte ein weiterer Vergleich zwischen »uns« und der »Bourgeoisie«, mit der unvermeidlichen Schlussfolgerung, dass die Bourgeoisie klüger sei als wir, weil sie ihre Spione, Agenten, Geheimpolizisten und so weiter und so weiter zu sympathischen Draufgängern hochstilisiert und der ganzen Welt als Vorbild hinstellt, während »wir« »unsere« angriffen, verurteilten, fast verachteten, obwohl sie lediglich dem Vaterland dienten, also uns. Spätestens jetzt wurde das Unterrichtsziel deutlich: bei den Schülern das Image der jugoslawischen Polizeidienste, zumal der Geheimpolizei UDBA, zu verbessern, das nach der politischen Abrechnung mit ihrer Führung und den damit einhergehenden Enthüllungen über Machtmissbrauch ausgesprochen schlecht war. Ich glaube, gerade sie haben wesentlich dazu beigetragen, dass sich unter den jungen Menschen das Gefühl breitmachte, so etwas wie »mein« Staat und »meine« Polizei könne es prinzipiell nicht geben, aber weil es in dieser Welt ohne Staat und Polizei nun einmal nicht geht, sind mir Staat und Polizei dann am nächsten, wenn ich sie möglichst wenig sehe und sie sich möglichst wenig mit mir beschäftigen.

Wohl deshalb zeitigte diese Unterrichtsstunde des Genossen Letica keinen Erfolg, und den anderen Lehrern im Fach moralisch-politische Erziehung in den anderen achten Klassen der anderen Schulen dürfte es nicht anders ergangen sein. Ich weiß nicht, ob die anderen Lehrer ihren Unterricht, der das Image der Polizei verbessern sollte, auch mit James Bond anfingen, aber ich weiß, dass ich, als ich dem Genossen Letica zuhörte, ohne ihn hören zu wollen, dass ich mir da vorstellte, wie in diesem Augenblick aus zehntausenden Lehrerkehlen in ganz Jugoslawien, in allen achten Klassen aller Schulen sich der Ruf »My name is Bond, James Bond« in den glühenden nachmittäglichen Maienhimmel erhob.

Ich weiß nicht, wie erfolgreich die anderen Lehrer bei der Verteidigung unserer Polizeien waren, ich versichere, dass das Verhalten der jugoslawischen Polizeien zu jener Zeit meinem Wunsch entsprach, den ich während dieser Unterrichtsstunde für mich formuliert habe – sie waren nicht sichtbar und nicht spürbar, wenigstens für mich, sie taten, als gäbe es mich nicht oder als wüssten sie zumindest nichts von mir, wodurch ich so tun konnte, als gäbe es sie nicht, während sie mir das Recht gaben, so zu tun, als wüsste ich nichts von ihnen. Das war so bis Ende der achtziger,

Anfang der neunziger Jahre, als verschiedene geheime und öffentliche Polizeien anfingen, uns über alle neuerdings befreiten und unabhängigen Medien mit Meldungen, Prognosen, Warnungen und Analysen zu überschütten. Diese aggressive Präsenz der Geheimpolizeien in der Öffentlichkeit informierte uns über die Gefahren, die von »den Zerstörern Jugoslawiens«, von »den ausländischen Agenten«, von »den Terroristen« und »Konterrevolutionären«, von allem und jedem ausgingen. Über die Allgegenwärtigkeit der Geheimpolizei in der Öffentlichkeit, die ich als eigentümliche Contradictio in Adjecto empfand, regte ich mich zu Recht auf – ist es denn nicht die Arbeit dieser Herren, all jene, vor denen sie uns warnen, in aller Stille zu stoppen, anstatt in aller Öffentlichkeit über sie zu schwätzen und den Sängern, Schauspielern und anderen Berufen, deren Platz in der Öffentlichkeit ist, diesen Platz wegzunehmen?! Dabei konnte ich mir dennoch den Luxus leisten, mich nicht ernsthaft mit den Polizeien zu beschäftigen, die dabei waren, die Medien zu kapern. Das heißt, ernsthaft habe ich mich lediglich mit dem Diskurstyp beschäftigt, der durch das Geschwätz der Geheimpolizeien in den öffentlichen Diskurs eingeführt wurde und der sich von den »Polizeidiskursen«, die wir im zweiten Jugoslawien kennenzulernen die Gelegenheit hatten, wesentlich unterschied.

Der erste Typ des Polizeidiskurses, den die jugoslawischen Polizeien in der Öffentlichkeit gebrauchten, war der »Diskurs des Belagerungszustandes«, der die Kommunikation des Staates mit den Bürgern in den Jahren unmittelbar nach dem Zweiten Weltkrieg beherrschte, als wir von allen Seiten »von Feinden umzingelt« waren. Es ist klar, dass dieser Diskurstyp anstrebt, aus der Gesellschaft als einer bestimmten Zahl von Individuen eine Masse, eine relativ homogene hochintegrierte Gruppe zu machen, in der die Mitglieder auf die meisten Charakteristika, die sie zu Personen machen, verzichten oder sie zumindest vorübergehend aufgeben, um sich möglichst vollständig in die Gemeinschaft einzufügen. Das ist der gesellschaftliche Zustand, in dem wir weit mehr Angehörige eines Kollektivs (einer Nation, Klasse, Sekte) sind als Menschen, weit mehr Bürger eines Staates als Personen.

Der zweite Diskurstyp, den die Bürger Jugoslawiens von ihren Geheimpolizeien lernten, kam in den fünfziger Jahren auf, jener Zeit, als Jugoslawien alle Beziehungen zum kommunistischen Block abbrach (1948), und wäre am treffendsten als »Diskurs der Angsterzeugung« zu bezeichnen. Das ist ein Diskurs, der vor der Allgegenwärtigkeit des Feindes »in unseren Reihen« warnt, ein Diskurs, der eine Gemeinschaft nicht homogenisieren, sondern durch Zweifel vergiften und unter den Mitgliedern der Gesellschaft Unsicherheit, Angst, Misstrauen verbreiten will. »Wir« sind keine Gesellschaft unter Belagerung mehr, sondern eine von Feinden »infizierte« Gemeinschaft, die Feinde sind nicht »überall um uns herum«, sondern mitten unter uns, in uns. Mein Nachbar, vielleicht sogar mein Ehepartner oder ein anderes Familienmitglied, mein Arbeitskollege oder der Freund, mit dem ich sonntagnachmittags Fußball spiele – jeder von ihnen kann ein Feind sein. Die teuflische Schläue des Feindes liegt vor allem darin, dass man ihn nicht an äußerlichen Zeichen erkennen kann, er tut sehr erfolgreich, als wäre er einer von uns, er wird unser Freund oder Arbeitskollege, er verhält sich, als wäre er ein ganz normaler Student, Händler, Nachbar. So entsteht eine Angstgesellschaft. Die äußerst unklare Beschreibung des Feindes, die absichtliche Vermeidung einer einigermaßen klaren Definition der »feindlichen Umtriebe«, die unpräzise Benennung derer, von denen die Gefahren drohen (einmal sind es »Stalinisten«, ein andermal »Trotzkisten«, heute »Terroristen« und morgen weiß Gott was), all das weckt in den Menschen Unsicherheit und ständige Angst, weil den angebotenen Beschreibungen »des Feindes« buchstäblich jeder Mensch entspricht, den irgendjemand kennt. Und dabei weiß jedes Mitglied der Gemeinschaft gut, dass er selbst allen Beschreibungen des »Feindes« maximal entspricht, seien es nun Stalinisten, Trotzkisten, Schläfer oder was für eine gefährliche Sorte auch immer. Wenn genau solche Leute wie er, also Leute, die der Beschreibung des Feindes so entsprechen wie er, anfangen zu verschwinden oder vor Gericht zu stehen, begreift er, wie recht er hatte, als er auch von sich selbst dachte, er sei der Feind …

Ich gehöre einer Generation an, die das Glück hatte, keinen der beiden Typen des Gesprächs zwischen Polizei und Gesellschaft direkt kennenzulernen, sondern nur durch die Analyse von Texten aus der Zeit, in der man so zu seinem Volk sprach. Wohl deshalb mussten wir den dritten Typ des Polizeidiskurses direkt kennenlernen, sozusagen am eigenen Leib und nicht nur durch die Textanalyse.

Diesen neuen Typ des Polizeidiskurses würde ich am liebsten »Diskurs des aufgezwungenen Vertrauens« nennen: Bei allen öffentlichen Auftritten der Polizeien und Polizisten, der öffentlichen wie der geheimen, berief man sich auf Quellen und Kenntnisse, die der Redner »im Interesse der Ermittlungen«, »aus Gründen der staatlichen Sicherheit«, »der Landesverteidigung wegen« oder aus irgendeinem anderen Grund, der über der Logik und den Gesetzen stand, nicht offenlegen durfte. Daher drängt sich mir buchstäblich der Vergleich dieses Redners mit einem Propheten auf, der seinen Gesprächspartner, das heißt seinen Zuhörer (weil Propheten meist keine Gesprächspartner haben), in die Position eines Jüngers versetzt, ungeachtet dessen, ob der Zuhörer diese Position billigt. Der Polizist beruft sich nämlich auf Kenntnisse, die den Bürgern/Zuhörern vorenthalten werden müssen, so wie den Zuhörern nach der Natur der Dinge die Kenntnisse vorenthalten bleiben müssen, auf die sich der Prophet beruft; und der Bürger und Zuhörer hat in beiden Fällen, wenn der Polizist zu ihm spricht und wenn der Prophet zu ihm spricht, nicht die Möglichkeit, die Behauptungen und Kenntnisse des Redners zu überprüfen, er kann nicht herausfinden, wie viel Wahrheit in dem steckt, was man ihm sagt, er weiß nicht, wie glaubwürdig die geheimen Kenntnisse des Redners sind. Der Bürger/Zuhörer kann den Äußerungen der Polizei glauben oder sie bezweifeln, aber er muss darüber schweigen, wenn er nicht will, dass sich die geheimen Kenntnisse der Polizei gegen ihn wenden. Und wenn er sich nicht zum Narren machen will, weil er keine Argumente gegen Aussagen vorbringen kann, die auf Kenntnissen basieren, zu denen er keinen Zugang hat. Daher nenne ich diesen Diskurstyp »Diskurs des aufgezwungenen oder aufgedrängten Vertrauens«. Die massenhafte Präsenz dieses Diskurses in der Öffentlichkeit ist ein sicheres Zeichen, dass sich eine Gesellschaft auf eine Herrschaft der Angst zubewegt und dass bei ihren Mitgliedern systematisch das Gefühl der Unterordnung und Unsicherheit hervorgerufen wird. In den neunziger Jahren waren wir tagtäglich den Überlegungen, Analysen und Warnungen der verschiedenen öffentlichen und geheimen Polizeien ausgesetzt, die sich in ihrem Namen oder im Namen der Institution auf allen verfügbaren Rundfunk- und Fernsehkanälen sowie in der Presse zu Wort meldeten, in den Medien also, die sich ausgerechnet in dieser Zeit als unabhängig zu bezeichnen begannen. So leisteten die jugoslawischen Polizeien einen immensen Beitrag zur Zerstörung des Staates, den sie schützen sollten.

Zu jener Zeit, wahrscheinlich im Zusammenhang mit dem »Diskurs des aufgezwungenen Vertrauens« und dem Einsatz geheimer Kenntnisse seitens der Polizei, entstand in der öffentlichen Kommunikation eine Verwirrung der Diskurse, die wesentlich zum Zerfall der jugoslawischen Gesellschaft beitrug. Der öffentliche Raum wurde überschwemmt von Leuten, die in ihren Aussagen Mystik und Statistik, Mythos und Ökonomie, Religion und Strategie vermischten. Unvergessen ist der Fernsehauftritt von General Blagoje Adžić, Generalstabschef der Jugoslawischen Volksarmee (JVA), bei dem er den Rückzug der JVA aus Slowenien und den Abbruch der Intervention verkündete, die die Grenzübergänge in Slowenien unter ihre Kontrolle gestellt hätte. Der General erklärte nicht, warum Soldaten aus Bosnien nach Slowenien geschickt worden waren, die noch nicht einmal mit der militärischen Ausbildung begonnen hatten, obwohl die Armee gut ausgebildete Einheiten in Slowenien hatte; kein Wort über die Verantwortung und die Gründe für den gescheiterten Ausflug. Doch mit den Gefühlsergüssen, die seine strategischen Analysen unterbrachen, erschütterte er wahrscheinlich manch aufrichtiges Herz. Und während der General in seiner Ansprache wie ein lyrischer Dichter zu sprechen begann, fingen zahlreiche

Dichter in dieser Zeit an, wie Generäle zu reden, indem sie sich über den Krieg, seine Strategie und Taktik ausließen und in ihre militärischen Erörterungen Verse aus eigenen Gedichten und Volksliedern einflochten. Theaterregisseure wurden Generäle, und zahlreiche Schriftsteller, bildende Künstler und Publizisten begannen sich ausgesprochen »militaristisch« zu kleiden und in der Öffentlichkeit zu zeigen, wahrscheinlich in der Hoffnung, dass Gabriele D'Annunzio, Ernst Jünger, Filippo Tommaso Marinetti und andere ihnen aus dem Jenseits wohlwollend zusehen – »militaristische« Kollegen aus einer ähnlich wirren Zeit, als Literatur, Armee und Politik sich tagtäglich umwarben und Heiraten eingingen. Nicht nur sprachlich, auch im äußeren Erscheinungsbild wurden Berufe und Weltanschauungen, Idiome und Fächer durcheinandergebracht: Dichter und Generäle, Ökonomen und Publizisten, Politiker und Historiker, alle sahen ähnlich aus und hörten sich ähnlich an. Was sie auch sagten, stets flochten die Leute, die in dieser Zeit häufig in der Öffentlichkeit auftraten, Bilder und Verse aus den epischen Volksliedern in ihre Rede ein, reicherten sie mit pseudohistorischen Betrachtungen über das tragische Schicksal ihres Volkes an, bedienten sich mythischer Bilder und Symbole, um »diesen Augenblick« im Schicksal dieses Volkes zu erklären. Ich brauche wohl nicht zu erwähnen, dass diese rhetorischen Operationen einen wesentlichen Einfluss darauf hatten, wie die Gemeinschaft, an die sich die Redner wandten, die Zeit erlebte und verstand: Die strukturierte historische Zeit zog sich zurück vor einer mythischen, das heißt einer »eschatologischen ewigen Gegenwart«, die alle Zeit enthält und in der dieser Augenblick und die Entstehung der Welt, das gestrige Mittagessen und der Trojanische Krieg, das letzte Abendmahl und die morgigen Wahlen in der Ortsgemeinschaft miteinander verschmelzen. Noch weniger brauche ich zu erwähnen, dass in den Aussagen, mit denen wir in dieser Zeit bombardiert wurden, die Begriffe Gott, Jenseits, Himmel … obligatorisch waren. So sprach der Journalist und Literat Vuk Drašković vom Konzentrationslager Jasenovac als von der »himmlischen serbischen Hauptstadt« (hat er absichtlich eine Parallele zum himmlischen Jerusalem gezogen? War ihm klar, dass er damit den Unterschied zwischen dem Konzentrationslager und dem Paradies, in das der Gerechte gelangt, auswischte?). Franjo Tuđman sprach von der göttlichen Mission der Wiedererweckung und Verwirklichung des selbständigen kroatischen Staates, und buchstäblich alle Politiker, Schriftsteller, Spediteure, Zahnärzte und Historiker sprachen von den Serben als dem himmlischen Volk. Radovan Karadžić behauptete mehrmals, dass »in dieser Legislaturperiode auch Gott – Serbe ist«, und der Publizist und Humorist Brana Crnčevič erklärte, dass die Serben aus Liebe morden.

Es ist außerordentlich wichtig, darauf hinzuweisen, dass dieser pseudomystische Diskurs nicht zu Gespräch, Verständnis oder Selbstverständigung einlädt. Er will nur eins: die emotionale Reaktion und die dadurch ausgelöste Identifikation des Zuhörers mit dem Redner. Sie bedeutet gleichzeitig die Identifikation mit dem Kollektiv (Volk), das sich im Redner mystisch verkörpert. Der Redner nimmt in diesem Typ von Kommunikation die Position eines Propheten ein, er verfügt über geheimes Wissen, er hat das Schicksal seines Kollektivs »gesehen und begriffen«, ihm haben sich die mit diesem Kollektiv verbundenen Geheimnisse offenbart (wie anders könnte er die himmlische Hauptstadt seines Volkes in einem Konzentrationslager wiedererkennen?), die Gemeinschaft verkörpert sich also im Redner, so wie sich eine Sekte nach der Logik der Dinge im Propheten verkörpert. Dieser Redetyp hebt im öffentlichen Raum den diskursiven auf und führt einen pseudoreligiösen bzw. pseudomystischen Diskurs ein, er entfernt die Politik aus der öffentlichen Kommunikation und führt Verhaltens- und Kommunikationsformen ein, wie sie in Sekten üblich sind: Die Mitglieder der Gemeinschaft werden zu Jüngern des inspirierten Führers (Propheten); dieser ist ein Seher, dem sich das Schicksal der Gemeinschaft offenbart hat. Da gibt es kein Gespräch, kein Verstehen, keine Absprache, keinen »Gesellschaftsvertrag«, hier wird das aufgezwungene Vertrauen verwirklicht, gegebenenfalls durch die Polizei, die sich ebenfalls auf nur ihr zugängliche Geheimnisse und Kenntnisse beruft. Aus der Geschichte wissen wir, und zwar gerade aus den zwanziger und dreißiger Jahren, der Periode, in der wir es zum ersten Mal mit militaristischen Künstlern zu tun hatten, was geschieht, wenn man anfängt, Politik mit Emotionen statt mit Verstand zu machen, der seinen Platz der Erleuchtung abgetreten hat.

Ich habe nicht die Absicht, mit den zitierten Aussagen zu polemisieren oder sie auch nur zu kommentieren, ich möchte mit diesen Zitaten lediglich zeigen, wie gründlich der öffentliche Raum der jugoslawischen Gesellschaft und damit auch die Gesellschaft selbst vernichtet worden sind. Denn das, worüber ich spreche, ist kein literarisches, sondern ein existentielles Thema, und es geht auch nicht um Stil, sondern um die Existenz. Wilhelm von Humboldt hat behauptet, die Welt werde von den Menschen so verstanden und empfunden, wie ihre Sprache sie ihnen darstellt, das heißt, wir Menschen verstehen und empfinden nicht die Dinge, das heißt die materielle Welt als solche, sondern die Sprachbilder. Wir halten uns mit dem Geist in der Sprache auf, verstehen die Welt mit Hilfe der Sprache, unsere Perzeption geht nicht über die Sprache hinaus, weil sie außerhalb der Sprache nicht möglich ist. Der Kosmos entsteht aus dem Chaos, wenn sich in den Prozessen, die sich im Chaos abspielen, der Logos andeutet, die geordnete Rede, wie Heraklit es uns gelehrt hat. In den abrahamitischen Religionen ist das noch klarer ausgedrückt, denn in diesen Religionen erschafft Gott die Welt durch die Rede, spricht Er sie buchstäblich aus. In dieser Vorstellung ist die Sprache nicht in der Welt enthalten, vielmehr ist die Welt in der Sprache enthalten; die immanente Grammatik der Sprache ist der Logos, das Fundament der Ordnung im Kosmos, der Ursprung des Sinns und der Sinn selbst. Der Teufel wäre demnach Unordnung, Unsinn, Chaos, Entropie, Verbrauch, der die immanente Grammatik der Sprache zerstört und so eine große Diskursverwirrung produziert, in der jedweder Sinn, der Logos, die Ordnung verschwinden, so dass Auffassen und Verstehen nicht mehr möglich sind.

Jemand wird, vielleicht zu Recht, bemerken, dass der Logos des Heraklit keine geordnete Rede sein muss und die Gesetze, nach denen die Welt funktioniert, die der Einzige Gott der abrahamitischen Religionen ausgesprochen hat, nicht mit der immanenten Grammatik der Sprache übereinstimmen müssen, in der diese Welt ausgesprochen wurde. Aber sicherlich wird niemand daran zweifeln, dass die menschliche Gesellschaft nur auf der Grundlage der Sprache und in der Sprache existiert – außerhalb der Sprache gibt es keine gesellschaftliche Realität, die Gesellschaft ist eine Gemeinschaft von Menschen, die sich verstehen, weil sie eine Sprache sprechen. Die Sprache ist das Erste, was jeder Mensch mit den anderen teilt, mit den anderen Mitgliedern seiner Gemeinschaft teilen muss, um sie überhaupt für sich haben zu können. Daher ist die Sprache die Grundlage, auf der die Gesellschaft als eine Art Kosmos errichtet wird, und die Typen des Sprachgebrauchs, also die einzelnen Diskurse, sind Sphären dieses Kosmos. Und daher bedeutet die Auslöschung der Grenzen zwischen den einzelnen Diskursen das Gleiche wie die Zerstörung des gesellschaftlichen Kosmos und seine Verwandlung in Chaos. Ein Mosaik ist kein Haufen von Steinchen, noch kann, wer Millionen von Steinchen in allen möglichen Farben besitzt, sagen, er habe ein Mosaik, solange er diese Steinchen nicht durch eine »Grammatik« zu einem Ganzen verbunden hat.

Ich hoffe, aus diesen Bemerkungen wird deutlich, warum ich behaupte, dass die »große Diskursverwirrung«, von der ich spreche, die jugoslawische Gesellschaft zerstört hat; die Kriege, die zwischen 1991 und 1995 folgten, dienten nur noch der Aufteilung der Beute. Als im Sommer 1991 der erste Krieg begann, gab es Jugoslawien schon nicht mehr, weil es keine Sprache mehr gab, die seine Bürger zu einer politischen Gemeinschaft vereinigt hätte. Diese Sprache hat, wie wir wissen, einen kommunikativen Kern, der allen Sprechern mehr oder weniger bekannt und gemeinsam ist, und um den Kern sammeln sich wie die Blütenblätter einer Blume die einzelnen Idiome – die professionellen, sozialen, dialektalen »Subsprachen«. Die Ärzte haben ihr Idiom und die Autonarren ihres, die Schüler der Schulen in den Vorstädten haben ihren Diskurs und die Kinder aus vornehmen Siedlungen ihren, Generäle sprechen auf eine Art und

Metzger auf eine andere. Lediglich die Literatur träumt davon, der gesamten Sprache gleich zu werden, das heißt, alle Idiome, Redeweisen, alle Diskurstypen, die in einer Gesellschaft, das heißt in einer Sprache, auftreten, in sich zu integrieren. Ich erinnere beispielshalber daran, dass die »Spezialistensprache« ein beliebtes Mittel der Komödie ist – der Arzt, der seine Patienten mit medizinischen Ausdrücken malträtiert (Molière), der leidenschaftliche Spieler, der seine Gesprächspartner mit den Analysen der verlorenen Partien misshandelt (Tschechow), Missverständnisse, die sich im Gespräch zweier Fachleute aus verschiedenen Fächern notwendigerweise ergeben. Und ich erinnere daran, dass Michail Bachtin die Fähigkeit und das Bestreben des Romans, alle Formen der Rede in sich zu integrieren, die in einer Gesellschaft auftreten – den Zeitungsbericht und die Restaurantrechnung, das intime Tagebuch einer Gymnasiastin und die Sprache eines Advokaten bei Gericht –, für eine der wichtigsten Eigenschaften des Romans hielt. Und ich erinnere daran, dass literarische Spiele mit verschiedenen Diskurstypen in einem Ambiente, in dem der General und der Dichter, die Gymnasiastin und der Philosophieprofessor, der Historiker und der Automechaniker sich einer identischen oder zumindest schrecklich ähnlichen Redeweise bedienen, nicht möglich sind, weil sie keinen Sinn haben. In diesem Ambiente, der großen Diskursverwirrung, von der ich hier spreche, gibt es keine Literatur und gibt es keine Bürger, weil es keine politische Gesellschaft mehr gibt. Die Menschen sind eine Masse, produziert durch die Sprachverwirrung, in der sich Unterschiede zwischen Beruf, sozialem Umfeld und einzelnen Personen nicht mehr ausmachen lassen.

2. Die Dialektik der Selbstparodierung

»Was ist der Unterschied zwischen der Miliz (wie das im Kommunismus hieß) und der Polizei (wie es jetzt, in der Freiheit und Demokratie, heißt)?«, fragt ein bosnischer Witz. »Ein grundsätzlicher: Die Miliz hat verfolgt, wer in die Kirche ging, und die Polizei verfolgt, wer nicht geht.«

Dieser Witz ist ein typisch bosnischer Kommentar zu der auffälligen Präsenz von Glaubensgemeinschaften in den Gesellschaften und der Politik der Balkanländer seit dem Zerfall Jugoslawiens. Rituale der öffentlichen Demonstration von »Religiosität«, Ergebenheitsbezeigungen gegenüber der Kirche, Teilnahme an Glaubenskundgebungen wurden zu einem unausweichlichen Teil des öffentlichen Verhaltens, zu einem Kriterium für »Demokratie«, »Fortschritt« und politische Korrektheit. Die Flut von Personen des öffentlichen Lebens, vor allem von Politikern, die ihre neuentdeckte Religiosität demonstrierten, kommentierte man in Bosnien mit dem Namen, den man den neuen »Gläubigen« gab – »Modell 1990«. Und wie wahrhaftig die Religiosität der Gläubigen vom »Modell 1990« war, zeigt die Tatsache, dass nur ein Jahrzehnt zuvor die gewaltige Mehrheit dieser neuen Gläubigen genauso aggressiv ihren Atheismus demonstriert hatte, ohne den eine Karriere im Kommunismus unvorstellbar war. Wohl deshalb glich die Demonstration von Religiosität oft einer Parodierung der Religion. So sprach z. B. einer dieser neuen Gläubigen, Franjo Tuđman, von den dreizehn Aposteln – in aller Öffentlichkeit und ganz im Einklang mit der »Glaubenserweckung«. Deshalb auch spreche ich von der Präsenz der Glaubensgemeinschaften, also der Institutionen, in der neuen Politik und nicht von der Präsenz der Religion oder, Gott bewahre, des Glaubens. Hier geht es um einen reinen Handel, bei dem die Glaubensgemeinschaften (Kirchen) »ihren politischen Parteien« die Infrastruktur (die Geistlichen, die Rhetorik, die Rituale, die Feiertage) zur Verfügung stellen, um als Gegenleistung ein adäquates Maß an Besitztümern, Einfluss und Macht von ihnen zu bekommen. (Wohl deshalb ist die franziskanische Ordensprovinz Bosna Srebrena die einzige religiöse Institution in diesen Gebieten, die aus den Kriegen 1991-1995 viel ärmer hervorging, als sie es bei ihrem Ausbruch gewesen war. Die bosnischen Franziskaner bemühten sich nämlich, die Distanz zur politischen Macht und ihren Trägern zu wahren, wie sie es schon im Kommunismus getan hatten, und blieben so von Macht, Einfluss und Besitztümern ausgeschlossen. Man muss anmerken, dass das nur für die Franziskaner und nur für die bosnischen gilt.)

Muss man, nachdem wir wissen, dass einer der neuen Gläubigen ernsthaft von den dreizehn Aposteln gesprochen hat, noch groß auf die parodistische Natur der »neuen Religiosität« in den Ländern des ehemaligen Jugoslawien hinweisen? Muss man auf den parodistischen Effekt der Ehe zwischen den politischen Parteien und den religiösen Institutionen hinweisen? Eine politische Partei, die in aller Öffentlichkeit eng umschlungen mit »ihrer« Kirche daliegt, bekundet, absichtlich oder unabsichtlich, dass sie ihrer Macht jene Art von »metaphysischer Legitimität« sichern möchte, wie sie die mittelalterlichen Könige als »Gesalbte Gottes« gehabt haben. Aber warum stellen sie sich dann den Wahlen, wo sie doch schon nach dem Willen Gottes herrschen? Eine durch Wahlen gewonnene Legitimität und eine durch göttliche Gnade gewonnene Legitimität sind nicht gleich, zwischen ihnen besteht nicht die geringste Korrespondenz. Die Legitimität durch Wahlen erteilt dem Herrscher das souveräne Volk als Subjekt der Politik. Aber das Volk, so souverän es auch ist, kann keinen Herrscher abberufen, der seine Legitimität von Gott dem Allmächtigen erhalten hat, wie es auch die Sonne, die zu stark brennt, eine Überschwemmung oder den Todesengel Azrail, über den wir uns selten freuen, nicht abberufen kann. Wir wissen gut, dass keiner von denen, die ich erwähnt habe – weder die Sonne noch die Überschwemmung noch Azrail –, bei Wahlen kandidiert und sich in die politischen Geschäfte einer Gemeinschaft einmischt, wie sehr sie sich auch in das Alltagsleben der Gemeinschaften und der Individuen einmischen. Daher ist klar, dass eine politische Partei, die sich für ihre Macht eine »göttliche Legitimität« zu sichern gedenkt, in Wirklichkeit die Politik und die Wahlen als Instrument der Politik abschaffen möchte, und das zeigt mehr als offensichtlich, dass die meisten politischen Parteien im exjugoslawischen Raum sich selbst und das politische Handeln parodieren, weil sie durch dieses Handeln die Politik abschaffen wollen. Das Gleiche könnte man natürlich von den Glaubensgemeinschaften sagen, die bei diesem Spiel mitmachen. Sie handeln, als hätten sie vom Glauben gar nichts gehört, und parodieren die Religion weitgehend, weil sie dem religiösen Ritual die wesentliche Dimension des Heiligen nehmen. Vereinfacht ausgedrückt, verhalten sie sich, als wäre Gott ein Statistiker und der Glaube eine ausschließlich arithmetische Angelegenheit.

Wenn eine Macht nach dem Willen Gottes regiert, ist das Volk, über das sie herrscht, kein souveränes politisches

Volk, sondern eine Masse von Gläubigen. Aber die Gläubigen einer Kirche, die in aller Öffentlichkeit eng umschlungen mit »ihrer« politischen Partei daliegt, sind keine Masse von Gläubigen mehr, sondern eine von Wählern, also keine Menge von absolut unwiederholbaren und einzigartigen Geschöpfen Gottes, wie die abrahamitischen Religionen es lehren, sondern reine untereinander austauschbare Größen im Dienste der politischen Arithmetik.

Dies ist eins der offensichtlichsten Beispiele, die beweisen, dass die Wirklichkeit in den Ländern des exjugoslawischen Raums schon sehr lange wie ein manieristisches Kunstwerk funktioniert – wie ernst und blutig, prätentiös oder tragisch das Ganze auch sein mag, ist in ihm die eigene Parodie angelegt, das System vollendet sich nicht und kann sich nicht vollenden, weil es sich teilweise selbst parodiert. Der Zustand des streng kontrollierten Chaos, der nach 1995 in der Region etabliert wurde, wird ewig dauern, weil sich nach der Natur der Dinge das, was sich selbst ironisiert und beweist, dass es nicht möglich ist, auch nicht vollenden kann. Genau wie in der manieristischen Kunst – das Werk lässt sich nicht sinnvoll abrunden und so vollenden, weil es nicht bereit oder fähig ist, die Welt außerhalb von sich anzuerkennen.

Einen interessanten Aspekt dieser Selbstparodierung kann man wieder auf der Ebene der »großen Diskursverwirrung« beobachten. In den neunziger Jahren bürgerte sich in diesen Gesellschaften die Praxis ein, die Führer der großen politischen Parteien, ob sie nun anwesend oder abwesend waren, bei allen Gelegenheiten, seien es offizielle und inoffizielle Anlässe, mit ihren Vornamen oder sogar Spitznamen anzusprechen. So war etwa Slobodan Milošević »Sloba«,

Alija Izetbegović war »Aljo« und Franjo Tuđman – »Franjo« oder »Francek«. Das waren sie, so nannte man sie auf den Meetings ihrer Parteien, im müßigen Gespräch zweier Betrunkener oder im vertraulichen Getuschel, durch das Macht in parallelen politischen Strukturen verteilt wird. Als wären alle Bürger ihre Verwandten oder enge Freunde. Zur gleichen Zeit wurde ihnen oder ihren ideologischen Protektoren die Ehrenbezeichnung »Vater der Nation« verliehen (in Serbien war der »Vater der Nation« nicht Slobodan Milošević, sondern sein ideologischer Protektor und »Autor« Dobrica Ćosić, der den Fall seines Zöglings ganz gut überlebte).

Es ist offensichtlich, dass diese Titulierung die große Verwirrung aus der Sphäre des Diskurses in die Sphäre der Zeit und der Verwandtschaftsstruktur übertrug. Diese Verwirrung zeigt sich deutlich im Unterschied zwischen dem Ehrentitel, den die »Väter der Nationen« bekamen, und dem, den ihr Vorgänger Josip Broz Tito getragen hatte, Titos »Ehrentitel« war nämlich »größter Sohn unserer Völker und Völkerschaften«. Wörtlich verstanden, besagt dieser Titel, dass sich die in Jugoslawien vereinten Völker und nationalen Minderheiten geliebt hätten und Tito die Frucht dieser Liebe, sozusagen die Verkörperung der Liebesbeziehungen zwischen den Völkern und Minderheiten, gewesen sei. Tito war ein Diktator, aber er wollte, wie wir aus seinem beliebten Titel ersehen, der Nachkomme der Völker und nationalen Minderheiten, die Folge ihrer Liebe sein, die sie wahrscheinlich auf der Suche nach der Einheit gemacht hatten. Der Sohn gilt in der patriarchalischen Hierarchie weniger als die Eltern, vor allem als der Vater, er ist die Folge, ist weiter entfernt vom Ursprung, vom Uranfang, von der arché, vom Beginn. Doch die Leute, die wir in den neunziger Jahren bei ihren Spitznamen nannten, wurden als »Väter der Nationen« tituliert, wie jene, die dem Anfang, dem Ursprung, dem Anbeginn näher sind als die Nationen selbst. Wörtlich verstanden, besagt dieser Titel, dass sie mit der Geschichte oder mit der Zeit selbst Liebe gemacht haben und aus dieser widernatürlichen Unzucht die betreffende Nation geboren wurde. Man muss im Hinterkopf haben, dass die Liebe zwischen zwei Völkern natürlich ist, weil die Partner von derselben Gattung sind, aber Liebe zwischen dem Menschen und der Zeit …

Jemanden »Vater der Nation« zu nennen, wirft zwei logische Probleme auf. Das erste Problem ist das Verhältnis zur Zeit: Der »Vater der Nation« erbt die ganze Vergangenheit der Gemeinschaft, deren Vater er ist, was heißen würde, dass er seinen »großen Söhnen« nachfolgt, etwa den großen Geistern dieser Nation, die in vorherigen Jahrhunderten gelebt haben. Das verweist auf ein Zeitbild, das logisch unmöglich ist. Das ist keine zyklische mythische Zeit, auch keine lineare historische Zeit, auch keine platonische Zeit, die ein »bewegliches Bild der Ewigkeit« ist, auch kein … Das ist die Verwirrung, die wir bereits im Zusammenhang mit der großen Sprachverwirrung erwähnt haben, das ist eine Gegenwart, buchstäblich dieser Augenblick, der alle Zeit in sich enthält. Eine solche Zeitvorstellung macht Geschichte unmöglich, weil sich die Zeit in ihr nicht bewegt und keine Erinnerung erlaubt, aber ebenso das Zeitbild ausschließt, das die abrahamitischen Religionen schaffen – jenes Bild, in dem die Zeit sich von einem Punkt aus (etwa der Offenbarung aus) progressiv vorwärtsbewegt, aber in einzelnen Punkten (zum Beispiel im Rahmen von Ritualen) über die Reihenfolge der Ereignisse in der beweglichen Zeit hinausgeht und die Gläubigen in einen Augenblick führt, der alle Zeit in sich enthält. Für die Christen zum Beispiel hat die Zeit erneut in dem Moment zu laufen begonnen, als Jesus am Kreuz starb, und von da an bewegt sie sich progressiv in die Zukunft, aber diese lineare Bewegung wird im heiligen Ritual der Messe, die es dem Gläubigen ermöglicht, am Abendmahl teilzunehmen, überstiegen und überwunden. Ein solches Zeitbild ist eine Verknüpfung von mythischer (zyklischer) und historischer (linearer) Zeit.

Der Titel »Vater der Nation« erzeugt eine ähnliche Verwirrung in den Verwandtschaftssystemen. Er assoziiert auf den ersten Blick eine »mystische Monarchie«, ein Staatsmodell, in dem der Monarch mit allen seinen Untertanen »per du« ist, weil er die Verkörperung seines Volkes und Staates darstellt, aber der Vergleich des »Vaters der Nation« mit dem mystischen Monarchen ist schon deshalb unhaltbar, weil der »Vater der Nation« nicht der mystische Körper seines Volkes, sondern dessen Erzeuger ist. Der »Vater der Nation« ist außerdem oft viel jünger (manchmal auch ein paar Jahrhunderte) als die große Zahl seiner »Söhne«, und darüber, was für ein Verhältnis er zu den Töchtern, Tanten, Schwiegersöhnen und anderen Verwandten hat, kann man nichts Sicheres wissen. Aber es ist ganz klar, dass der Titel »Vater der Nation« die Gesellschaft in eine Familie bzw. die Vertragsgemeinschaft in eine Gemeinschaft der Blutsverwandtschaft verwandelt. Das lässt sich natürlich nicht vollständig verwirklichen, genauso wenig wie die Verwandlung der Gesellschaft in eine Gemeinschaft von Gläubigen, vielmehr verwandelt sich auch diese Kombination einer »Gemeinschaft von Blutsverwandten« und einer »Vertragsgemeinschaft« in eine sich selbst parodierende, in sich widersprüchliche Kombination des Unvereinbaren. Gleichzeitig offenbart sich dank dieser Kombination von Familie und Institution, von »Blutsgemeinschaft« und »Rechtsgemeinschaft«, die Mafia als unmittelbares Vorbild für die Struktur der postjugoslawischen Gesellschaften. Die zentrale Figur der Mafia ist der Pate, eine Funktion, die die Merkmale der Verwandtschaft (Patenschaft ist eine Beziehung, die man nicht abbrechen kann) und die Merkmale einer Vertragsbeziehung (der Pate wird gewählt) in sich vereint. Wohl deshalb scheidet man aus diesen politischen Gemeinschaften, wie auch aus der Mafia, in der Regel durch Mord oder den Gang ins Gefängnis und nicht durch einen Rücktritt oder einen Vertragsbruch aus – die Zahl der ermordeten Machthaber und derer, die unter mysteriösen Umständen vom Leben zurückgetreten sind, ist symptomatisch hoch und spricht für sich. Patenschaft und Verwandtschaft werden allein durch den Tod aufgehoben.

Wie alles andere, was in der Wirklichkeit existiert, ist diese Selbstparodierung natürlich aus der Sprache erwachsen, daher lässt sie sich vielleicht am leichtesten an einer Intervention in die Sprache illustrieren. Heute fehlen in der offiziellen kroatischen Sprache die Ausdrücke »Arbeiter«, »Arbeitszeit« und »Öffnungszeit«, und aus dem öffentlichen Gebrauch hat Franjo Tuđman sie verbannt, ein Mann, der das Institut zur Erforschung der Geschichte der Arbeiterbewegung gegründet und jahrelang geleitet hatte. Er erklärte, das Wort »Arbeiter« und alle aus diesem Wort abgeleiteten Ausdrücke seien ideologisch gefärbt und deshalb müsse man es vermeiden und durch das Wort »Wirkender« ersetzen, so dass es in Kroatien seit den neunziger Jahren keine Arbeiter, sondern nur noch Wirkende, Tätige, keine Öffnungszeit, sondern nur noch eine »Wirkzeit« gibt … Ein kleines Problem besteht darin, dass »Arbeiter« und »Wirkender« keine Synonyme sind (wenn Synonyme überhaupt möglich sind) und demzufolge nicht untereinander austauschbar sind. Ein Wirkender ist jedes Phänomen, das eine Wirkung erzielt, während ein Arbeiter ein Mensch ist, der für eine bestimmte Vergütung vereinbarte Arbeiten erledigt. Auch Aspirin erzielt eine Wirkung, wenn es die Kopfschmerzen lindert, aber ein Arbeiter wird und kann es unter keinen Bedingungen werden. Ähnlich verhält es sich mit der Wirkzeit. Das ist die Zeit, die uns Falten ins Gesicht schreibt und den Männern die Haare raubt, die Zeit, von der unser Haus baufällig und der Körper ungelenk wird – das ist also die Zeit, die wirkt, eine Wirkung erzeugt. Sie wirkt in der Nacht und an Feiertagen, ohne irgendwelche Absichten gegen uns zu hegen und ohne das Bewusstsein, dass sie etwas tut. Die Öffnungszeit ist hingegen die Zeit, in der ein Lokal oder ein Geschäft, eine Werkstatt oder irgendein Büro geöffnet sein und ihre Dienste anbieten müssen. Diese Zeit muss überhaupt keine »Wirkende« sein, in ein Lokal braucht während der vorgeschriebenen »Öffnungszeit« kein einziger Gast einzukehren, so dass sie am Ende nicht-wirkend ist, wie sehr sie auch Öffnungszeit war.

Die Selbstparodierung der Welt, zu der wir seit den neunziger Jahren verurteilt sind, sieht man deutlich auch an der karikaturhaften Diskrepanz zwischen dem, was die Leader gesagt, und dem, was sie getan haben. Eigentlich begann die Verwirrung schon in den Programmen, also in dem, was sie gesagt haben, weil diese Programme wie das missgestaltete Kind des Doktor Frankenstein aus den Überresten der ideologischen und politischen Systeme des 19. und der ersten Hälfte des 20. Jahrhunderts zusammengeflickt waren, so dass einzelne Teile des Programms einer Partei nicht aufeinander abgestimmt waren und sich oft direkt widersprachen. Und das gegenseitige Bestreiten und die fehlende Abstimmung in den Parteiprogrammen und das, was dieselben Parteien durch ihr Handeln hervorgebracht haben, ist derart drastisch, dass es den Eindruck grotesker Komik hinterlässt, zumindest bei den Menschen, die von diesem Handeln nicht betroffen sind. Da sprach man von der Souveränität des Volkes und des Staates und bemühte sich gleichzeitig um Eingliederung in die großen internationalen Organisationen (EU, NATO), welche den Verzicht auf manche Elemente der Souveränität voraussetzen. Man sprach von Stärkung der Gesellschaft, privatisierte dabei aber alles, buchstäblich alles. Man sprach in einem Atemzug von der Allmacht des Marktes und von sozialer Gerechtigkeit, man schwor auf das moderne Europa, unternahm aber Schritte, die mit der europäischen Tradition seit dem Rationalismus unvereinbar sind.

3. Familienunternehmen Vaterland

Den Krieg brauchte man, wie ich sagte, um die Reichtümer, die nach dem Zerfall Jugoslawiens übriggeblieben waren, aufzuteilen, und nicht, um es zu zerstören. Die Zauberformel namens Privatisierung, bereits massenhaft angewandt, während die Kriege noch andauerten und während die spürbare Mehrheit der Menschen ganz andere Sorgen hatte, ermöglichte die Aufteilung, derentwegen die Kriege auch geführt wurden und die unter normalen Bedingungen, nämlich ohne Krieg, wahrscheinlich nicht hätte durchgeführt werden können. Aber so, während die Menschen um ihr Leben und ihre Kinder bangten, vor der Mobilisierung Angst hatten oder vor ihr flüchteten, fiel niemandem auf, dass die Privatisierungsorgie andauerte, die das Resultat hatte, dass ein paar Tausend Menschen buchstäblich alles besaßen, was im Raum des ehemaligen Jugoslawien zu besitzen sich lohnte.

Habe ich schon gesagt, dass in der Wirklichkeit alles möglich wird, nachdem in der Sprache alles möglich geworden ist? Einige Jahre nachdem die Politiker wie Propheten und die Dichter wie Generäle zu sprechen begonnen hatten, kurz nachdem Theaterregisseure und Berufsfahrer Generäle zu werden begannen, wurden manche Auserwählten zu Business-Leuten, Besitzern von allem Möglichen, Millionären, Milliardären ... Kaum jemand von den heute extrem reichen Leuten auf dem Balkan besaß vor dem Krieg etwas mehr als eine Wohnung oder konnte von seinem Besitz reden, aber sie alle hatten – muss man das überhaupt erwähnen? – enge Beziehungen (verwandtschaftliche, freundschaftliche, geschäftliche) zu den Leuten, die in den Neunzigern »die große Diskursverwirrung« und »das sich selbst parodierende Gesellschaftssystem« geschaffen hatten. War das Chaos unumgänglich, damit das engmaschige Netz von Beziehungen entstehen konnte, geknüpft aus verwandtschaftlichen und geschäftlichen Interessen, gemeinsamen Ängsten und Feinden, Freundschaften und Hassgefühlen, gegenseitigen Erpressungen und Bespitzelungen, also jenes unentwirrbare Netz, in das die aktuellen Besitzer des Balkans eingebunden sind? Ich weiß nicht, ob das Chaos für die Entstehung dieses Netzes unumgänglich war, aber ich weiß, dass es unumgänglich war, um die geknüpften Beziehungen zu legalisieren, weil allein im Chaos alles möglich ist und eben auch die Entstehung einer die Legitimität suspendierenden Legalität.

Das Ambiente, in dem sich das Leben heute im Gebiet des ehemaligen Jugoslawien abspielt, lässt sich aus all dem Gesagten relativ klar erahnen. Die neuen Reichen kontrollieren alles – von den Medien und der Wirtschaft bis hin zu den politischen Parteien und den Instrumenten des Staates, so dass auch eine Million Individuen, selbst wenn es ihnen gelänge, sich zu organisieren, nichts verändern könnten, weil ihnen schlicht die Mittel und Instrumente des öffentlichen Wirkens fehlen. In der Sprache und in der Welt, zu denen wir heute verurteilt sind, ist alles möglich, buchstäblich alles außer Logik und Sinn. Die Vergangenheit ist uns unklar, weil wir so viele Geschichtsdarstellungen haben wie politische Parteien; die Gegenwart ist unerträglich für uns und amorph und demzufolge jenseits von Verständlichkeit, und eine Zukunft gibt es nicht, weil sie ohne Sprache, Logik und Hoffnung nicht möglich ist. Daraus wird wohl deutlich, warum ich von den wenigen Menschen, mit denen ich in Sarajevo noch spreche, immer öfter zu hören bekomme, wie wunderbar es uns im Krieg doch gegangen sei. Der Mensch ist ein Wesen, das in der Sprache und in der Zeit lebt; ohne Bewusstsein von der Vergangenheit und ohne die Möglichkeit, sich in die Zukunft zu projizieren, die er als Ideal oder Traum anstrebt, ist er viel eher ein Hund vor einer Mauer als ein Mensch. Das Häuschen an der Mauer kann gemütlich und nach seinem Belieben eingerichtet sein, die Mauer kann prächtig bemalt und wunderschön sein – der Bewohner dieses Häuschens wird ein Hund bleiben, wenn die Mauer undurchsichtig ist, so dass sie keine Ahnung von dem, was dahinter ist, erlaubt. Doch unsere Mauern werden immer undurchsichtiger, wir können immer weniger ahnen, welche Abmachungen unsere neuen Reichen und ihre ausländischen Protektoren morgen treffen werden.

Manche meiner Freunde glauben, dass von diesen ausländischen Protektoren, die uns schon viele Soldaten und noch mehr Beamte geschickt haben, bald eine Lösung kommen könnte, ja müsste. Besonders ermuntern sie die Soldaten dazu; die fremden Truppen, die den Balkan besetzt haben, erscheinen meinen naiven Freunden wie eine Art James Bond, der, so reichlich mit den Wundern der Technik ausgerüstet, wie er ist, bald, sehr bald die Schuldigen bestrafen und uns Gerechtigkeit, Wohl und Frieden bringen wird. Ich teile diese Hoffnung nicht, nicht weil ich nicht so naiv wäre wie sie, sondern weil ich mich mit Dramaturgie befasst habe und weiß, daß die in einer Kultur produzierten Klischees die tiefsten Wahrheiten über diese aussagen, sogar solche, die ihre Schöpfer am liebsten verbergen würden. Ich musste z.B. bemerken, dass alle Wunder der Technik, mit denen James Bond operiert, ausschließlich dazu dienen, andere Menschen zu töten oder sie unter seine Kontrolle zu bringen. Niemand fragt sich da nach dem Wohl, der Gerechtigkeit und der Wahrheit, weder James Bond noch die Menschen, die seine Wunder der Technik produzieren und ihm zur Verfügung stellen. Ich musste auch bemerken, dass James Bond am Ende jedes Films die schönste Frau mitnimmt und den einheimischen Menschenkindern eine Katastrophe hinterlässt – einmal eine explodierende Insel, ein anderes Mal eine in Flammen stehende Stadt, im besten Fall ein sinkendes Schiff oder ein abstürzendes Flugzeug.

Er hinterlässt freilich auch eine Botschaft, die sich in sich selbst verschließt, so dass sie keine Bedeutung produziert und keinen Sinn hat: »My name is Bond, James Bond«.

Aufenthalt im Spiegel

In seinem Roman »Sommerurlaub im Winter« erzählt Vladan Desnica von einer Gruppe Zadarer Bürger, die vor den Bombenangriffen der Alliierten gegen Ende des Zweiten Weltkriegs aus ihrer Stadt geflohen und in das Dorf Smiljevce in ihrem unmittelbaren Hinterland geraten sind. Von ihrem Zufluchtsort aus »haben sie den Blick auf die zerstörte Stadt in der Ebene und das Meer vor ihr«, wird im Roman betont. Sie sehen also die Welt, in der sich bis vor kurzem ihr Leben abgespielt hat, sie haben Informationen über jede Veränderung und jedes Ereignis in dieser Welt. Sie beobachten jede neue Bombardierung und wissen zumindest ungefähr, welche Häuser dieses Mal zerstört worden sind, und können daraus schließen, wer umgekommen ist, denn von den Passanten und aus den Gesprächen mit den Nachbarn erfahren sie bei den seltenen Besuchen in ihrer Stadt, wer von ihren Mitbürgern noch zu Hause ausharrt und durch die Bomben der Alliierten umkommen kann. Sie sehen, was für ein Wetter in ihrer Stadt und »am Meer vor ihr« herrscht, sie wissen, was nicht vorhanden ist und was man beschaffen kann, immer erfahren sie rechtzeitig, wen man betrauern muss, wer weggegangen ist, wem ein Kind geboren wurde.

Ihre existentielle Situation ist, wie man auf den ersten Blick sieht, ausgesprochen paradox: Sie wissen alles über ihre bisherige Welt, sind aber kein Teil mehr von ihr, sie haben Informationen über das Leben, das sich in ihrer Welt abspielt, können aber an diesem Leben nicht teilhaben. Statt des Lebens haben sie Wissen und Verstehen. Als betrachteten sie die Welt, in der sich ihr Leben abgespielt hat, die einzige Welt, die für sie wirklich sein könnte, durch eine gläserne Trennwand. Sie sehen z.B. das Meer vor ihrer Stadt, können aber in diesem Meer nicht baden und das Jod, das es ausströmt, nicht einatmen. Sie wissen, welche Probleme die Leute, vor kurzem noch ihre Mitbürger, mit der Nahrungsbeschaffung haben, sie verstehen diese Probleme und den traurigen Zustand ihrer Mitbürger gut, aber sie verspüren nicht ihren Hunger, erleben nicht immer wieder aufs Neue die Angst, die ihre Mitbürger beim Schlangestehen für das rationierte Brot kennengelernt haben, und haben nicht ihre Erfahrungen im stockfinsteren Luftschutzbunker gemacht. Sie sehen, welche Gebäude durch die Bomben der Alliierten zerstört worden sind, und wissen, wer in diesen Häusern gelebt hat, so dass sie mit hoher Wahrscheinlichkeit schließen können, welche Nachbarin umgekommen ist; aber sie können den Trümmerstaub nicht vom Gesicht der ehemaligen Nachbarin wischen, können das abgerissene Glied nicht neben ihre Leiche legen, spüren nicht den Krampf im Bauch vom Anblick der Blutlache. Das alles stellen sie sich vor, sie wissen sogar ziemlich sicher, dass das gerade so geschieht und aussieht, aber sie haben keine unmittelbare sinnliche Erkenntnis all dessen, so dass ihnen deshalb auch eine wirkliche konkrete emotionale Reaktion auf die Dinge und Ereignisse fehlt. Ihnen fehlt, kurz gesagt, die pathetische Erkenntnis all dessen, was die Leute aus Zadar, bis gestern ihre Mitbürger, durchmachen. Die wirkliche konkrete emotionale Erkenntnis offenbart und bewahrt nämlich die unwiederholbare Einzigartigkeit jedes Ereignisses und jedes Wesens, sie erinnert uns an die Tatsache, dass die Wirklichkeit und das Leben aus lauter Unikaten bestehen, weil sich kein einziges Wesen und kein einziges Ereignis jemals wiederholen wird. Das Wissen, das die ehemaligen Zadarer haben, ist dagegen verallgemeinernd und abstrahierend, es ist rational, logisch, mathematisch, es will uns davon überzeugen, dass alles austauschbar, mehrmalig und allgemein ist.

Ich weiß nicht, wie ich dieses Element der Lebenssituation von Desnicas Zadarern in Smiljevce klar ausdrücken soll, denn die offensichtlichsten Dinge kann man dem, der sie nicht erfahren hat, kaum je erklären. Klar ist, dass jeder von ihnen um die umgekommene Nachbarin trauert oder Schmerz, Wut, Verzweiflung, was auch immer, empfindet, aber seine Emotion wurde durch sein Wissen über die Dinge hervorgerufen und nicht durch die unmittelbare sinnliche Konfrontation mit der Sache selbst in ihrer vollen Konkretheit und Unwiederholbarkeit. Wäre er in Zadar gewesen und hätte z.B. versucht, den Trümmerstaub vom toten Gesicht seiner Nachbarin zu wischen, wäre seine Emotion durch die unmittelbare sinnliche Erkenntnis und Erfahrung erzeugt worden, sie hätte etwas Körperliches an sich gehabt, weil sie durch körperliche Sensationen hervorgerufen worden wäre, und als Folge davon wäre auch seine pathetische Erkenntnis konkreter und in gewissem Sinne wertvoller gewesen. Die Emotion wäre ihm in diesem Fall aufgezwungen worden, hervorgerufen durch ein starkes sinnliches Erlebnis, die pathetische Erkenntnis wäre elementarer und stärker mit dem Ereignis verbunden gewesen, es wäre die Erkenntnis der äußeren Welt gewesen, die ihn an diese Welt bindet oder zumindest annähert. Doch so kommen, während er in Smiljevce weilt, seine Trauer, sein Schmerz oder seine Verzweiflung über etwas, was in Zadar passiert ist, aus ihm selbst, ausgelöst durch sein Wissen, seine Imagination oder welche geistige Fähigkeit auch immer. Seine Emotion ist notgedrungen allgemein, weil sie nicht durch den unmittelbaren Anblick des toten Gesichts oder den Bauchkrampf vom Anblick des gerinnenden Blutes hervorgerufen worden ist. Sie verbindet ihn nicht mit der wirklichen Welt, sondern entfernt ihn noch weiter von ihr. Und seine Erkenntnis des Lebens, das sich in Zadar abspielt, ist so, wie er es durch die gläserne Trennwand wahrnimmt: Sie ist mehr als reine Information, aber weniger als wirkliches Wissen (Erfahrung), weil die Inhalte dieser Erkenntnis aus seinem Wesen hervorgekommen sind und nicht aus der äußeren Welt, die es zu erkennen gilt.

Die Dinge stehen in einer umgekehrten Symmetrie zur Welt des Dorfes Smiljevce, in die die Zadarer Bürger geraten sind. Die Teile dieser Welt erleben sie sinnlich, aber sie verstehen, reflektieren diese Erlebnisse nicht und können sie daher nicht in geistige Inhalte verwandeln. Die kleinen Menschen, die sie im Dorf kennenlernen, weisen kaum Gemeinsamkeiten mit den Kindern auf, die sie Gelegenheit hatten in Zadar kennenzulernen. Der Geschmack der Milch lässt sich nicht mit der Kuh verbinden, auch nicht, nachdem sie gesehen haben, wie ihre Gastgeberinnen Kühe melken und Milch gewinnen. Nicht einmal der Tod und die Trauer um die Toten, Dinge, die universal und für alle Leute gleich sein sollten, haben auf dem Dorf etwas mit dem Tod und der Trauer gemein, wie sie sie aus der Stadt gekannt haben. (»Aber das ist doch überhaupt kein Weinen, das ist kein Trauern, das sieht nichts gleich! Hast du bemerkt … wenn die Bauern um jemanden trauern, kannst du ihrer Trauer keineswegs entnehmen, wer gestorben ist …, noch in welchem Verwandtschaftsverhältnis sie standen, noch, ob sie überhaupt miteinander verwandt waren; sie klagen ohne jede Ordnung, unmäßig, ausgiebig, übertrieben«, sagt Anita im 19. Kapitel des Romans). Das wirkliche Dorf, in das sie nach der Flucht aus Zadar geraten sind, hat die Bilder, Vorurteile und Überzeugungen vom Dorf, mit denen sie in der Stadt gelebt haben, nicht ausgelöscht, nicht einmal in Frage gestellt. Jeder von ihnen hat natürlich seine Vorurteile gehabt, die in gewisser Weise seinem Charakter entsprechen (wie der Mensch, so seine Vorurteile), so dass das Dorf für die junge Mutter Lizeta »ein Ort ist, wo es Hühner, Puten, Schinken und Wein im Überfluss gibt und wo sich die Schafe vor Ostern daranmachen, genügend Lämmer zu werfen, und die Hühner, genügend Eier zu legen. Auf dem Dorf gibt es also reichlich von allem, aber überaus viel Milch, Milch!«, während das Dorf für ihren Mann, den Friseur Ernest, vor allem das Ambiente ist, in dem man für viel Geld schlechten, durch die Zugabe von Farbstoff und Zucker verdorbenen Wein verkauft. Diese Bilder, meine ich, haben sich durch den Aufenthalt auf dem Dorf durchaus nicht bestätigt, aber sie sind auch nicht verschwunden, vielleicht sind sie nicht mehr so stark wie vor der Ankunft im Dorf, aber noch immer stark genug, die Flüchtlinge aus Zadar davon abzuhalten, sich das, was sie dort, in Smiljevce, gesehen und erlebt haben, als ihre Vorstellung vom Dorf anzueignen.

So haben sie sich, wie ich sagte, im Zentrum eines Paradoxes aufgehalten. Ich sage absichtlich nicht »gelebt«, nicht weil literarische Helden nicht leben, sondern weil das Zentrum eines Paradoxes ein Ort ist, an dem man nicht leben kann, vielleicht weil er leer ist, aber vielleicht auch weil es uns Menschen unmöglich ist, die Intensität, mit der sich die

Wahrheit im scheinbar Leeren, im Zentrum eines Paradoxes offenbart, zu ertragen. Was sie sehen und verstehen, können sie nicht berühren und riechen, und was sie berühren und mit eigenen Augen sehen, können sie nicht verstehen und sich nicht mit dem Geist aneignen. Sie sind nicht Teil der Welt, in der sich ihr geistiges Leben abspielt, so dass sie eigentlich gar nicht an ihrem Leben teilhaben; aber genauso wenig sind sie Teil der Welt, in der sie sich körperlich aufhalten, weil sie von dieser Welt weder etwas verstehen, noch etwas davon in ihrem Geist behalten können. Sie scheinen von gläsernen Trennwänden umgeben zu sein, als wären sie in einem Spiegel eingesperrt.

Der Spiegel ist hier nicht als Metapher oder als Vergleich zu verstehen, mit dem man die Lebenssituation von Desnicas Helden illustrieren bzw. erhellen möchte. Man muss ihn wörtlich verstehen, weil der Spiegel offensichtlich die Grundlage der Romanform ist. So kehrt der Roman, wie es auch ein Spiegel getan hätte, das zentrale Erzählmotiv um: Den sozial Fremden, den Helden, der in ein ihm fremdes Ambiente geraten ist, hat die Literaturtradition in der Regel als Bauer in der Stadt, fast regelmäßig als komische Gestalt dargestellt, die durch Missverständnisse, die ihr ständig unterlaufen, Lachen hervorruft (deshalb ist er in der Regel ein Fremder, in der europäischen Literatur sind die komischen Gestalten meistens Fremde, damit wir über die Erniedrigungen, denen sie ausgesetzt sind, oder die Nöte, die sie ereilen, lachen können; über unsere und die Nöte uns Nahestehender lachen wir nicht); in »Sommerurlaub im Winter« sind die sozial Fremden ganz im Gegensatz dazu Stadtbewohner, die in ein Dorf geraten sind, und in dieser »Fremdheit« sind sie nicht komisch, sondern tragisch.

2.

An den vor langer Zeit gelesenen (und in der Zwischenzeit weitgehend vergessenen) Roman von Vladan Desnica erinnerte mich ein Gespräch mit meinem Freund Dragan T. Schon seit siebzehn Jahren lebt Dragan in Vancouver, so dass das Telefon für uns die einzige Möglichkeit unmittelbarer Kommunikation ist. Vor ein, zwei Jahren rief er mich an und fragte, wie es mir gehe, und musste sich notgedrungen die ganze Litanei anhören, die sich jeder enge Freund anhört, der so unvorsichtig ist, diese Frage zu stellen. Ich erklärte ihm, es gebe nichts Neues, was die beste Nachricht für einen Menschen in meinem Alter sei, ich hätte aber dennoch zu klagen, weil ich zu wenig arbeitete, und das Wenige, das ich arbeitete, nicht gut sei, weil es unklar, unvollendet und oft widersprüchlich bleibe; schrecklich sei, dass ich immer mehr verstünde und immer weniger lebte, weil sich die Welt von mir zu entfernen scheine oder ich mich von ihr, beharrlich bleibe sie mir fern und unerreichbar, offenbare und zeige sich mir in keiner Weise, noch antworte sie irgendwie anders auf mein Bemühen, sie zu erleben. Dragan kennt mich gut, deshalb überhörte er den größten Teil meines Klagelieds und ging lediglich auf den Teil ein, in dem ich jammerte, dass ich zu wenig und schlecht arbeitete, und versuchte, mich mit der Bemerkung zu trösten, in der Hitze, die in Sarajevo herrsche, könne man ja eigentlich auch nicht gut arbeiten; darauf fragte ich ihn natürlich verwirrt, woher er denn wisse, dass in Sarajevo eine unerträgliche Hitze herrscht. Er erklärte mir, dass er jeden Morgen, gleich nach der Morgentoilette, im Internet nachsehe, wie das Wetter in

Sarajevo sei, und erst dann in den vor ihm liegenden Tag starte. Das sei ein Bestandteil seines Morgens geworden wie das Zähneputzen und das Frühstück, als könnte sein Tag nicht wirklich beginnen, wenn er nicht wisse, wie das Wetter sei und was es in Sarajevo Neues gebe.

Später erinnerte ich mich an sein merkwürdiges Benehmen bei seinen seltenen Besuchen in Sarajevo, vor allem an die Art, wie er über seine Stadt sprach. Ihm war keine einzige der zahlreichen Veränderungen aufgefallen: Die Straßen und Plätze bezeichnete er mit ihren alten Namen, die neuen Lokale, die an der Stelle von alten eröffnet worden waren, bezeichnete er mit dem Namen der alten, an den im alten Stadtkern errichteten neuen Gebäude, die das Auge und besonders den Geschmack beleidigen, ging er vorbei, als gäbe es sie nicht (als hätte er sie wirklich nicht gesehen!), er bemerkte nicht, dass an einigen Brunnen, an denen wir seinerzeit unbedingt stehen geblieben waren, kein Wasser mehr floss ... Er wechselte Geld im »Borovo«, also in der Bank, die im ehemaligen Schuhgeschäft »Borovo« eröffnet worden war, kaufte eine Pelzmütze in der »Velefarmacija«, und seine Ćevapčići aß er weiter regelmäßig »Beim seligen Hasse«. Sein Sarajevo, das erinnerte, nur noch in seinem Geist existierende, hat er bei seinen Aufenthalten hier nicht verlassen, so wie er sich auch nicht von ihm wegbegeben hat, während er in Vancouver sein tägliches Brot verdiente; und das neue, wirkliche Sarajevo, das materiell in der äußeren Welt existiert, konnte er bei seinen kurzen Sommeraufenthalten hier keineswegs besser sehen, als er es während der langen Monate und Jahre dort gesehen hatte. Er könnte nicht zurückkehren, um hier zu leben, das haben wir in Gesprächen über dieses Thema festgestellt, auf das man in jedem Gespräch mit jedem Auswanderer unweigerlich kommt, er lebt schon zu lange dort und hat sich an die Verhaltensweisen und Gesellschaftsstrukturen in Kanada gewöhnt, in Vancouver hat er sich ganz gut zurechtgefunden und eine Familie gegründet, hat sich an den hohen Lebensstandard gewöhnt und an die Annehmlichkeiten, die eine Stadt am Meer mit Skigebieten im Hinterland bietet, aber noch weniger kann er aus jenem Sarajevo fortgehen, in dem er seine Jugend verbracht hat und das ein für alle Mal seine Welt geworden ist.

So befindet sich mein Freund in der bizarren Situation, dass er sich sozusagen ununterbrochen in zwei Städten aufhält, aber in keiner von ihnen wirklich lebt. Er weiß besser als ich, wie das Wetter in Sarajevo ist und wie hoch die Preise auf dem Automarkt im Stadtteil Stup sind, aber das Sarajevo, das in der äußeren Welt existiert, berührt er nicht und riecht er nicht, er nimmt nicht an seinem Leben teil und nimmt die Prozesse, die sich in ihm abspielen, nicht wahr. Er hat über seine Stadt fast alle Informationen, aber nur wenige oder gar keine sinnlichen Erlebnisse mit dieser Stadt, den Gegenständen, die sie ausmachen, und den Ereignissen, die sich in ihr abspielen, den Winden und den Regenschauern, die auf sie niedergehen, den Menschen, die diese Stadt verteidigen und verschmutzen, sich bemühen, sie noch schlimmer zu machen, oder gleichgültig durchgehen und zusehen, wie sie sie verlassen können, das heißt, wohin sie aus der Stadt entkommen könnten, wie sie sagen würden. Er lebt gleichzeitig, notabene ganz schön, in Vancouver, aber sein pathetisches Wesen, vor allem sein emotionales Gedächtnis, kann sich in dieser Stadt nicht zu Hause fühlen – er hat in Vancouver das emotionale Gedächtnis eines Fünfzehnjährigen, was ziemlich wenig, eigentlich unerträglich für einen Mann im Alter von fünfzig und mehr Jahren ist. Die geistige und die materielle Seite seines Lebens, den emotionalen und den rationalen Komplex seines geistigen Wesens, die Vergangenheit und die Gegenwart seines Lebens kann er nicht miteinander versöhnen und in Einklang bringen. Er weiß, aber er lebt nicht, was er versteht, fühlt er nicht, und was er fühlt, verbindet ihn nicht mit der Welt außerhalb von ihm, weil es sich auf Dinge bezieht, die es in der äußeren Welt nicht mehr gibt.

Gerade wie die Helden von Vladan Desnica im Roman »Sommerurlaub im Winter«.

3.

Ich kenne den Zustand von Dragan und den Helden Desnicas aus eigener Erfahrung schon sehr lange und leider allzu gut. Aber das Verständnis dieses Zustands verdanke ich nicht nur der Erfahrung, sondern auch der Literatur: Ich habe irgendwo eine genaue und erschöpfende Beschreibung dieses Zustands gelesen, sozusagen seine Diagnose, das weiß ich schon seit jenem Gespräch mit Dragan T. beinahe sicher. Ich denke, ich habe schon damals, als ich über Dragans geistige und existentielle Situation nachdachte, unmittelbar nach dem Telefongespräch mit ihm irgendwo tief im Inneren gewusst, dass ich die Beschreibung dieser Situation gelesen habe und dieser Lektüre mein Mitgefühl mit meinem Freund genauso sehr verdanke wie meinen Erfahrungen. Es kostete mich viel Mühe und Zeit, mich daran zu erinnern, wo ich das gelesen hatte, und dann, dank meiner Gewohnheit, dieselben Autoren immer wieder aufs Neue zu lesen, stieß ich ganz zufällig auf die Stelle, die meine Erfahrungen und den geistigen Zustand meines Freundes beschreibt.

»... ich war nie Mensch: das war von Geburt an mein Unglück; und dieses Unglück wurde durch meine Erziehung erst recht mein Unglück. Wenn man aber Kind ist – und die andern Kinder spielen, scherzen, oder was sie sonst tun; ach, und wenn man Jüngling ist – und die andern Jünglinge lieben, tanzen, oder was sie sonst tun: da Geist zu sein, obgleich man Kind und Jüngling ist – fürchterliche Qual! noch fürchterlicher, wenn man mit Hilfe seiner Phantasie das Kunststück versteht, auszusehen, als wäre man der Jugendlichste von allen! Dieses Unglück ist aber im vierzigsten Jahre bereits geringer und ist in der Ewigkeit nicht mehr vorhanden. Ich habe keine Unmittelbarkeit gehabt und habe darum, einfach menschlich verstanden, nicht gelebt; mit Reflexion habe ich begonnen und nicht erst später ein wenig Reflexion gesammelt; ich bin eigentlich Reflexion von Anfang bis zuletzt. In den beiden Perioden der Unmittelbarkeit, als Kind und Jüngling, habe ich, um einen Ausweg nicht verlegen, wie das die Reflexion nie ist, mich mit einer nachgeahmten Jugendlichkeit beholfen und, über die mir vergönnte Gabe selbst noch nicht klar, den Schmerz durchgelitten, nicht wie die andern zu sein.« So drückt Søren Kierkegaard seine Lebensqual aus und beschreibt gleichzeitig den geistigen Zustand Dragans, meinen und den einer immer größeren Zahl unserer Zeitgenossen. Genauer wäre es eigentlich zu sagen, dass er diesen Zustand diagnostiziert und ihm den richtigen Namen gibt. Er nennt ihn Melancholie.

Melancholie ist, wie die Alten lehrten, ein Geisteszustand, hervorgegangen aus einer Störung in der Menge oder

Temperatur der im Körper enthaltenen schwarzen Galle. In der Schrift »Problem XXX,1« aus dem 4. Jahrhundert vor unserer Zeit, lange Aristoteles zugeschrieben, aber wahrscheinlich von seinem Schüler Theophrast verfasst, wird der Einfluss der schwarzen Galle auf den Charakter und das Verhalten des Menschen erschöpfend erklärt, das heißt verschiedene Typen von Melancholie werden klassifiziert und gedeutet. Man unterscheidet zwischen der schwarzen Galle, mit der der Mensch geboren wird und die sein Körper sozusagen natürlich, im Einklang mit den angeborenen Eigenschaften und Wirkungsformen produziert, einerseits, und der schwarzen Galle, die der Mensch mit der Nahrung aufnimmt oder die sein Körper unter dem Einfluss äußerer Faktoren (etwa der Angst, Anstrengung, dessen, was man heute Stress nennen würde u.a.) produziert. Ein Überschuss oder Mangel dieser zweiten »Art« von schwarzer Galle ist keine Krankheit, sondern ein Zustand und wird durch Diät oder die Änderung der Lebensweise behoben, während die erste »Art« eine krankhafte Melancholie verursacht, wenn zu viel oder zu wenig vorhanden ist, so dass auch die epileptischen Anfälle von Herakles als Melancholie, hervorgerufen durch einen Überschuss an schwarzer Galle, gedeutet werden. (Ansonsten ist diese Schrift eine eigentümliche Heroisierung der Melancholie, sie beginnt auch mit der Frage: »Warum sind alle hervorragenden Männer, ob Philosophen, Staatsmänner, Dichter oder Künstler, offenbar Melancholiker gewesen?«, um den melancholischen Zustand im zweiten Teil fast mit dem platonischen »göttlichen Wahn« zu identifizieren.) Der Mangel an »angeborener« schwarzer Galle ruft melancholische Zustände hervor, die man Flucht vor der Welt nennen könnte – Angst, das Bedürfnis nach

Einsamkeit, Dumpfheit und emotionale Blockierung, Mangel an Energie und eine allgemeine Unfähigkeit zum Handeln –, während ein *Überschuss* an schwarzer Galle den Menschen »hyperaktiv«, aggressiv, offen und gesellig macht ... Muss man erwähnen, dass das zwei Formen eines Zustands sind, die sich sozusagen ineinander spiegeln?

Der andere Faktor, der den Typ der Melancholie bestimmt, an dem ein Mensch leidet, ist neben der Menge an schwarzer Galle deren Temperatur. Wenn sich die schwarze Galle im Körper eines Menschen *über* die normale (um nicht zu sagen durchschnittliche) Temperatur erwärmt, versetzt sie diesen Menschen in einen Zustand der Begeisterung, der Tollkühnheit, des kristallklaren Sehens und Denkens, der fast prophetischen Fähigkeit, die Zukunft zu erahnen und sogar klar zu sehen, sie versetzt ihn, kurzum, in den Zustand, den Platon »mania« genannt hat, und die Schrift »Problem XXX,1« vergleicht ihn mit Trunkenheit vom Wein oder einer anderen Droge. Eine abgekühlte schwarze Galle versetzt den Menschen im Gegensatz dazu in einen Zustand der Dumpfheit, buchstäblich einer körperlichen Empfindungslosigkeit, bei der der Körper die *äußeren* Reize viel schwächer empfindet, der Angst und Lustlosigkeit, der Unfähigkeit, klar zu sehen und zu entscheiden, in einen Zustand, in dem kein Wunsch vollendet und klar empfunden wird.

Bekanntlich ist die Lehre von der schwarzen Galle bzw. den vier grundlegenden Körpersäften, wiewohl im frühen Hellenismus weit verbreitet, eigentlich pythagoreisch. Für die Pythagoreer war das Quadrat die Form der Vollendung, Abrundung, Ganzheit, wie die Zahl vier das arithmetische *Äquivalent* dieser Eigenschaften war. Vier ist gleich der

Summe, dem Quadrat und dem Produkt seiner Hälfte, vier ist die erste Zahl, die durch eine andere Zahl teilbar ist (zwei und drei sind nur durch sich selbst und durch eins teilbar), mit der Zahl vier wird die erste Zehn in der Reihe der natürlichen Zahlen komplettiert (addiert mit den Zahlen, die ihr vorausgehen, ergibt vier zehn). Es gibt vier Himmelsrichtungen, vier Jahreszeiten, vier Elemente der Welt (Feuer, Erde, Luft und Wasser) und eben auch vier elementare Säfte im menschlichen Körper (Blut, gelbe Galle, schwarze Galle und Phlegma).

Während des 3. und 2. Jahrhunderts vor unserer Zeit entstanden viele Schriften, gegründet auf der *Überzeugung*, dass sich Mensch und Kosmos, als Mikrokosmos und Makrokosmos, ineinander widerspiegeln, die die Lehre von den vier Körpersäften in viergliedrigen Formeln weiterentwickelten. So werden in einer dieser Schriften (»Vom Bau des Universums und des Menschen« eines unbekannten Autors) die einzelnen Körpersäfte mit den ihnen entsprechenden Organen in Verbindung gebracht, mit den Jahreszeiten, den Lebensphasen … Jedes Element, sowohl der Welt als auch des Menschen, also sowohl des Makrokosmos als auch des Mikrokosmos, hat den entsprechenden Saft, so ist das Blut als Körpersaft mit der Luft, die schwarze Galle mit der Erde, die gelbe Galle mit dem Feuer und das Phlegma mit dem Wasser verbunden; jeder dieser Säfte hat auch seine Jahreszeit, das heißt seinen Teil des Jahres, in dem er regiert, so herrscht im Frühjahr das Blut, das Phlegma im Winter, die schwarze Galle im Herbst und die gelbe Galle im Sommer vor, bzw. das Blut herrscht in der Kindheit, die schwarze Galle im Mannesalter, das Phlegma im Alter und die gelbe Galle in der Jugend vor. Die einzelnen Säfte sind auch mit den ihnen entsprechenden Organen verbunden (z.B. hält sich das Blut im Herzen und die schwarze Galle in der Leber auf) bzw. mit den Körperöffnungen, durch die sie herauskommen und sich offenbaren bzw. sichtbar werden (das Blut durch die Nase, das Phlegma durch den Mund, die schwarze Galle durch die Augen und die gelbe durch die Ohren). Schon in der Spätantike entstand auch die Lehre, die jedem Körpersaft ein entsprechendes Temperament zuschrieb, so dass ein Mensch, in dessen Körper das Blut über die anderen Säfte dominierte, ein Sanguiniker war, die Dominanz der schwarzen Galle würde aus dem Menschen einen Melancholiker machen, die Dominanz der gelben Galle wäre dafür verantwortlich, dass jemand Choleriker ist, während das Phlegma durch die Dominanz über die anderen Säfte jemanden zum Phlegmatiker bestimmt. Ein paar Jahrhunderte später, als die europäische Kultur über die islamische grundlegende astrologische Kenntnisse und Vorstellungen gewann, bekam jeder Körpersaft »seinen« Planeten bzw. Stern, seinen Teil vom Sternenhimmel und Jahreszyklus, sein »Sternzeichen«, würde man heute sagen. Damals wurden die Melancholiker zu Kindern des Saturn bzw. zu Kindern des Kronos.

4.

Es ist nicht unwichtig, dass die Astrologie die Melancholiker mit Kronos bzw. Saturn, seiner römischen Entsprechung, in Verbindung brachte. Kronos war nämlich der erste Rebell, derjenige, der sich gegen seinen Vater erhob und schuld war an der Schaffung der Tradition, des Gedächtnisses, des Systems von Regeln, die die Beziehungen zwischen den Bewohnern der Welt und die Beziehung dieser Bewohner zum Dasein selbst bestimmen (aus dem Blut, das aus dem abgeschnittenen Geschlecht von Kronos' Vater Uranos auf die Mutter Erde fiel, wurden die Erinnyen geboren, Göttinnen, die den Elternmord und den Meineid bestrafen). Außerdem beherrschte Kronos die Welt im Goldenen Zeitalter, das heißt, als goldene Menschen die Welt besiedelten. Das würde bedeuten, dass sich Melancholiker leidenschaftlicher als andere Menschen zur Tradition verhalten, sei es, dass sie sich gegen sie auflehnen (wie sich Kronos gegen seinen Vater aufgelehnt hat), sei es, dass sie sie leidenschaftlicher als die anderen bewahren, weil sie sich ihres Wertes bewusster sind als die anderen. Und dass während der Herrschaft des Kronos goldene Menschen auf der Welt lebten, weist darauf hin, dass die Melancholiker, Menschen, die im Zeichen des Saturn auf der Welt weilen, prädisponiert sind, das Goldene Zeitalter, eine bessere Zeit und eine erträglichere Existenzweise im Gedächtnis zu bewahren. Oder sich schwerer als die anderen Leute mit dem Dasein abfinden, zu dem sie auf dieser Welt verurteilt sind.

Ich meine, an diese Dimension der Melancholie hat Romano Guardini gedacht, als er behauptete, der Mensch mit melancholischer Sensibilität werde von der Erbarmungslosigkeit des Daseins verwundet. »Und zwar ist's gerade das Unaufhebbare darin, was verwundet; das Leiden überall; das Leiden der Wehrlosen und Schwachen; das Leiden der Tiere, der stummen Kreatur ... Im letzten kann man es nicht ändern. Es ist unaufhebbar. Es ist so und bleibt. Aber gerade das ist schwer. Verwundend sind die Armseligkeiten des Daseins; daß es oft so häßlich ist, so platt ... Das Leere darin. Man möchte sagen: die metaphysische Leere. Hier ist der Punkt, wo sich mit der Schwermut die Langeweile verbindet. Und zwar eine bestimmte Art der Langeweile, wie gewisse Naturen sie erleben. Sie bedeutet nicht, daß einer nichts Ernsthaftes tue, müßiggehe. Sie kann ein sehr beschäftigtes Leben durchziehen«, sagt Guardini. Und all das verwundet besonders, wenn sich die Seele des Menschen an das Goldene Zeitalter erinnert, also an ein Dasein, das nicht erbarmungslos und platt war – oder zumindest nicht so erlebt wurde, weil es ja die goldenen Menschen erlebt haben.

In den Beschreibungen der Melancholie und den Überlegungen dazu lassen sich ungeachtet der Perspektive und der Denkweise der einzelnen Autoren einige Konstanten erkennen. Sie alle betonen die »Allumfassendheit« der Melancholie, das heißt, sie drücken die Überzeugung aus, dass sie den Zustand des gesamten menschlichen Wesens zusammen mit allen Elementen und Fähigkeiten des Menschen sowie seine Beziehung zur Welt außerhalb von sich bestimmt. Der große persische Arzt al-Razi und dann auch sein großer Schüler Ibn Sina betonten, dass die Melancholie beide Funktionen des Gehirns trifft, nämlich sowohl das Denken als auch die Imagination, die Fähigkeit, die anwesenden Dinge wahrzunehmen und ihre Beziehungen zu verstehen, wie auch die Fähigkeit, die abwesenden Dinge zu evozieren, die Arbeit mit Begriffen wie auch die Arbeit mit Bildern. Aber sie bestimmt ebenso, wie der Mensch den eigenen Körper, das Verhalten dieses Körpers und seine Reaktionen auf die ihn umgebende Welt und die Reize aus dieser Welt empfindet. Sie bestimmt das Verhältnis des Menschen zu sich selbst, ebenso wie sein Verhältnis zu anderen Menschen, zu Dingen und Erscheinungen um ihn herum, zum Anwesenden und Abwesenden (weswegen al-Razi und sein großer Schüler sowohl das Denken als auch die Imagination betonen). Dabei ist für den melancholischen Zustand ungeachtet des Typs der Melancholie und ihrer Ursachen (Mangel oder Überschuss an schwarzer Galle, erhöhte oder gesenkte Temperatur dieses Körpersafts) charakteristisch, dass der melancholische Mensch von der Welt isoliert ist und sein Erleben der Welt, sogar das seiner selbst, der Unmittelbarkeit entbehrt. Euphorisch oder depressiv, begabt mit kristallklarem Denken oder eingetaucht in undeutliche Bilder und Ahnungen, ist der Melancholiker von der Welt isoliert – er versteckt sich vor der Welt oder er greift sie an, er bietet ihr zu wenig oder zu viel, er ist, wie Romano Guardini so schön sagt, unfähig, das Dasein, so wie es ist, zu akzeptieren.

Vielleicht ist bei den Konstanten in den Reflexionen über die Melancholie am offensichtlichsten die Überzeugung fast aller Autoren, dass die Melancholie mit einem gestörten Verhältnis zur Zeit einhergeht. Ein Typ von Melancholikern ist ganz der Zukunft zugewandt, fähig, Dinge vorherzusehen, manchmal sogar mit prophetischen Fähigkeiten begabt (verdammt?), während der andere in die Vergangenheit eingetaucht ist, die zu differenzieren er sich weigert. Ein Melancholiker, der im Sommer Venedig besucht, kann nicht wirklich genießen, weil in seinem Geist die ganze Zeit der Zustand gegenwärtig ist, wie er im November herrscht, wo die Feuchte in Mark und Bein der Stadt, in die Tiefe der Mauern, in die Knochen ihrer Bewohner dringt; er kann auch den Anblick eines schönen Mädchens nicht genießen, außer vielleicht den Anblick einer, die eine schöne Greisin werden wird (weil er die künftige Greisin etwas besser sieht als das Mädchen, das vor ihm steht und sich in diese Greisin verwandeln wird, falls es lange genug lebt); er könnte vielleicht die Schrecken des Winters genießen, wenn sich ein anständiger Melancholiker über das Wogen des Frühlings freuen könnte, das er in der Winterlandschaft deutlich ahnt … Ihm steht jener Typ von Melancholiker gegenüber, der ganz der Vergangenheit zugewandt ist, der die Probleme des Sokrates wirklicher und konkreter empfindet als die seines Nachbarn, der schon im zarten Alter von fünfzig Jahren begreift, was ihn mit fünfzehn gequält hat, der sich bemüht, die ganze Vergangenheit, seine und die anderer, die erlebte und imaginierte, in ihrer Gesamtheit und in der »synkretistischen Ganzheit« des unmittelbaren Lebens zu bewahren. Er spürt ganz konkret und wirklich, dass die Vergangenheit die Bedingung und die Grundlage der Gegenwart ist, dass sein Haus ebenso von den toten Ahnen wie von ihm bewohnt wird, ihm gehen die Sophisten, die Aristophanes und Platon genervt haben, viel mehr auf die Nerven als die gegenwärtigen Sophisten, die die öffentlichen Medien seiner Stadt verschmutzen. Dabei ist wichtig zu betonen, dass der Melancholiker dieses Typs kein Konservativer im üblichen Sinne dieses Wortes ist. Ein Konservativer freut sich nämlich über jede Veränderung, die er verhindert hat, und genießt alles, was er bewahrt hat, während sich der Melancholiker nicht freut – ihm ist die Vergangenheit zwar näher und wirklicher als die Gegenwart, aber auch zu ihr hat er keine unmittelbare Beziehung, so dass er sich auch nicht über sie freuen kann.

Kurzum, der Melancholiker lebt nicht. Das Wissen hat ihm das Leben genommen, das Verständnis hat sein sinnliches Erleben und sogar die Fähigkeit dazu aufgefressen, seine Gefühle kommen aus ihm und können keine Verbindung zwischen ihm und der ihn umgebenden Welt herstellen, sie trennen ihn im Gegenteil nur noch mehr von der Welt. Aristoteles glaubte, es gebe keine Gegenwart, weil der Augenblick, der aus der Zukunft auf dem Weg in die Vergangenheit zu mir gekommen ist, Vergangenheit geworden ist, bevor ich es geschafft habe, das »j« von »jetzt« zu denken. Daher existieren, logisch betrachtet, nur die Zukunft und die Vergangenheit, die Gegenwart gibt es nicht, aber wir können sie denken, weil sie logisch möglich ist. Aber das Leben spielt sich gerade in der Zeiteinheit ab, die, logisch gesehen, nicht existiert, nämlich in der Gegenwart. Das unentwirrbare und unzählbare Geflecht meiner Beziehungen zur Welt um mich herum, die unzähligen emotionalen, sensuellen und rationalen Interaktionen meines Wesens mit der äußeren Wirklichkeit, die materiellen, emotionalen, intellektuellen, imaginativen und alle anderen Inhalte, die mein Wesen mit der Welt austauscht – all das erzeugt und ist Gegenwart. Natürlich nur in der Unmittelbarkeit, die Kierkegaard so schmerzlich vermisste, wird sie erzeugt, ist sie möglich – es gibt keinen Kontakt und keinen Austausch zwischen der Innen- und der Außenwelt für ein Wesen, das in Reflexion versunken ist, dieses Wesen hat kein unmittelbares Erleben der Welt und hat auch keine Gegenwart, in der sich sein Leben abspielt.

5.

Demnach ist der Melancholiker wirklich ein Kind des Saturn, weil die Alten glaubten, dass der Planet Saturn jedes Unternehmen, das irgendwie mit ihm zu tun hat, verzögert, aufschiebt, »hinauszieht«. Und die Melancholie ist, wie aus den obigen Zeilen folgt, ein Zustand, in dem man die eigene Abgeschnittenheit von der Welt und vom Leben kennt, einsieht und fühlt. Das heißt, man sieht ein, weiß und fühlt, dass das eigene Leben und die Welt »mittelbar«, nachträglich, erst dann, wenn Saturn sie »durchgelassen« hat, zu einem kommen. In seinem Vorwort zur deutschen Ausgabe der berühmten Dürer-Studie *Saturn und Melancholie* sagt Raymond Klibansky, für Kierkegaard sei die Melancholie, und zwar der genau bestimmte Typ der Melancholie, den er »Tungsind« (Niedergeschlagenheit, Schwermut) genannt hat, die tiefste existentielle Bedingung des Menschen, der an seiner Gottesferne leide. Ich weiß nicht, wie groß diese Qual des »gottesfernen« Menschen ist, ich nehme an, dass wenige Glückliche diese Qual für einige Augenblicke lindern oder vergessen, indem sie sich zeitweise in einen Zustand der Ekstase versetzen, ansonsten leiden alle Leute an ihr, die ganze Zeit, solange sie leben. Oder nicht. Eher würde ich sagen, das Problem bei der Melancholie ist die Unzugänglichkeit der Welt, die da ist, die Vorenthaltung von unmittelbarer Erfahrung oder etwas Ähnlichem – viel Wissen, aber wenige oder gar keine Erlebnisse, eine Menge Reflexionen, aber wenige oder gar keine sinnlichen Erfahrungen, der Kopf unverhältnismäßig weise und die Hand, das Bein, der ganze Körper unverhältnismäßig dumm.

Der Melancholiker befindet sich im Mittelpunkt eines Paradoxes, weil er abgeschnitten ist von der Welt, von der er nicht fern ist, die da ist, in greifbarer Nähe. Er kann die Welt nicht übersehen und sich nicht von ihrer Anwesenheit befreien, weil er mit der Welt vielfältig und untrennbar verbunden ist, dabei kann er sich aber auch nicht vom Gefühl befreien, dass er in Wahrheit kein Teil von ihr ist – weder kann er der Welt um sich herum angehören, noch kann er von ihr fortgehen. Auf die zahlreichen Verbindungen jedes Menschen mit der Welt weist bereits die Lehre vom Menschen als Mikrokosmos hin, in dem sich die Welt als Makrokosmos widerspiegelt, weil die Welt und der Mensch aus den gleichen Elementen gebaut und nach ähnlichen oder sogar identischen Prinzipien geordnet sind – alles, was in der großen Welt existiert oder möglich ist, ist in jedem einzelnen Menschen enthalten, angefangen von den Mineralen und Flüssigkeiten über die tierischen Triebe und Zustände bis hin zu den engelhaften Eigenschaften und Bestrebungen. Diese Lehre nahm die Astrologie sehr ernst und entwickelte sie zu einem komplizierten System. Jede menschliche Eigenschaft und jede Tatsache des menschlichen Wesens hat seine Äquivalente in den Teilen (Elementen) und Eigenschaften der äußeren Welt, und sowohl das eine als auch das andere hat seine Ursachen und Äquivalente in der Ordnung, den Eigenschaften und Konstellationen der Himmelskörper.

Der große Arzt und Alchimist Theophrastus von Hohenheim, genannt Paracelsus, behauptete z. B., ein ernsthafter Arzt werde nicht einmal Zahnweh, geschweige denn eine ernste Krankheit behandeln, bevor er ein Horoskop von seinem Patienten erstellt und eine Harmonie zwischen dem

Zustand und den Eigenschaften seines Wesens mit dem Zustand und den Konstellationen der Himmelskörper auf der einen Seite und mit den Eigenschaften und der Wirkung einzelner Medikamente und medizinischer Eingriffe auf der anderen Seite hergestellt habe. Eine Pflanze oder ein Mineral wirken auf einen Menschen wie eine Medizin, aber auf einen anderen wie Gift, unter dem Einfluss eines Sterns positiv, aber unter dem Einfluss eines anderen negativ. Die Aufgabe des Arztes wäre nach Paracelsus also, Heilmittel oder medizinische Eingriffe zu finden, die auf den gegebenen Menschen unter der gegebenen Konstellation der himmlischen Einflüsse in höchstem Maße gute und im geringsten Maße schlechte Wirkungen ausüben. Alles ist mit allem verbunden, und den Menschen ist das Wissen und der Geist gegeben, diese Wechselbeziehung zu erkennen, zu verstehen und sie für das Wohl, das eigene und das allgemeine, zu nutzen.

Die Verbindung der einzelnen Himmelskörper und der belebten bzw. unbelebten Wesen der irdischen Welt wird auch in den umfassenden Klassifizierungen ausgedrückt, die einzelnen Himmelskörpern Minerale, Pflanzen und Tiere zuschreiben, die unter dem unmittelbaren Einfluss des betreffenden Himmelskörpers stehen und insofern zu ihm »gehören«. So zählt Agrippa von Nettesheim im 25. Kapitel des ersten Buches seiner *De occulta philosophia* alles auf, was unter dem Einfluss des Saturn steht, und sagt, zu diesem Planeten »gehören«: von den kosmischen Elementen in erster Linie die Erde und in zweiter das Wasser; von den Metallen das Blei und das Gold; von den Körpersäften die schwarze Galle; von den Mineralen der braune Jaspis, der Chalzedon, der Saphir und der Magnet; von den Kräutern die Alraune, der Mohn, das Schlangenkraut, der Kümmel und alle berauschenden Kräuter; von den Bäumen und Sträuchern gehören jene zu Saturn, die keine Früchte tragen oder schwarze beerenartige Früchte haben wie Brombeeren und Heidelbeeren, jene Bäume, die einen starken Geruch und einen schwarzen Schatten haben wie die Zypresse, die Trauerweide, die Pinie, jene Pflanzen, die symbolisch mit der Unterwelt verbunden sind wie der Efeu und die schwarze Feige; die Tiere des Saturn sind jene, die kriechen und nachts oder in der Einsamkeit leben wie der Maulwurf, der Wolf, das Kamel, die Schildkröte, der Basilisk und der Maulesel und von den Vögeln die Kraniche, Eulen und Raben.

Muss man erwähnen, dass die Melancholie durch solche Klassifizierungen »objektiviert« und in die äußere Welt übertragen wird, wobei sie aufhört, der subjektive seelische Zustand eines Menschen zu sein, und zur Krankheit wird – zu einem sichtbaren, objektiven »äußeren« Phänomen. Gegen die Melancholie, wenn sie eine Krankheit und kein seelischer Zustand des Menschen ist, hilft keine Nähe, keine Liebe, kein Gespräch, sondern eine Arznei, also eine »äußerliche« Substanz, die dem Körper des Erkrankten zugeführt wird. So finden wir bereits im 13. Jahrhundert in dem Buch *L'antidotaire de Nicolas* ein Rezept für eine Arznei gegen Melancholie, die gleichzeitig eine Arznei gegen Herzschwäche und Verdauungsprobleme, gegen Epilepsie und ein Mittel zur Stärkung des Verstandes ist. Dieses Heilmittel ist eine Mischung aus Zimt, Gewürznelken, Aloe, Ingwer, Baldrian, Muskatnuss, Rose und Veilchen – von allem je zwei Drachmen (1 Drachma = 3,82 Gramm); weiter nimmt man Ebenholzharz, Mastixharz, Majoran, Balsam, Basilikum, Kardamom, spanischen Pfeffer, Myrtenextrakt und

Zitronenschale (von allem je eine Drachma) sowie 15 Gran Korallenpulver (1 Gran = 53 mg) und je 5 Gran Moschus, Kampfer und Rosensirup. Das nimmt man morgens und abends mit lauwarmem Wasser ein.

Die Krankheit ist eine unveräußerliche Eigenschaft des Lebens und allgegenwärtig wie das Leben selbst. Als sie zur Krankheit erklärt wurde, wurde die Melancholie wie das Leben allgegenwärtig und objektiv, so dass sie nicht mehr als Geisteszustand eines Menschen galt, sondern eine »objektive Eigenschaft« eines Baums, Vogels oder Minerals sein konnte. Die Welt ist in der Astrologie ebenso wie in der Alchemie hoch integriert und »beseelt«, so dass die Eigenschaften der Lebewesen oder wenigstens einige Manifestationen des Lebens auch bei unbelebten Existenzformen auftauchen können oder sogar regelmäßig auftauchen.

Die Einflusskette auf Agrippas Skala der »saturnischen Erscheinungen« ist ganz klar: Der Himmel mit seinen Sternen und Planeten bestimmt alles, auch dass ein Mensch Melancholiker ist; im Wesen dessen, dem dies beschieden ist, gibt es einen Überschuss an schwarzer Galle, die den melancholischen Zustand als seine unmittelbare materielle Ursache hervorruft; da der Mensch als Mikrokosmos indes buchstäblich mit allem korrespondiert, können seine Eigenschaften oder wenigstens einige Manifestationen oder einige »Zeichen« dieser Eigenschaften bei Pflanzen, bei Tieren, sogar bei unbelebten Existenzformen vorkommen, das heißt, sie kommen tatsächlich vor; so taucht z. B. die Melancholie oder zumindest einige Zeichen des melancholischen Zustands bei allem auf, was dem Saturn untergeordnet ist oder im Zeichen dieses Planeten existiert. Mit einem Vergleich, der die Vergleiche von Platon nachahmen möchte, könnte man dies durch die Tatsache erklären, dass der Ahorn oder der Frosch nicht »an und für sich« göttlich sind, aber »wer Augen hat zu sehen«, sieht durchaus gut und weiß, dass sich die Gottheit in ihnen offenbart, so dass auch sie durch sich selbst auf die allgegenwärtige Gottheit verweisen. Analog dazu ist der Rabe »an und für sich« gewiss nicht melancholisch, aber er ist gewiss eins der Elemente, eins der Zeichen der Melancholie in der Welt. Und die Melancholie existiert objektiv in der Welt, weil sie vom Einfluss des Saturn auf das Dasein erzeugt wird, wobei sie sich bei verschiedenen Wesen unterschiedlich manifestiert – beim Menschen manifestiert sie sich als psychischer Zustand, beim Efeu als symbolische Verbindung mit der Unterwelt, bei der Eule als untrennbare Verbundenheit dieses Vogels mit der Nacht.

Théophile de Garencières, Übersetzer von Nostradamus und ausgezeichneter Kenner der verborgenen Welt, behauptete z.B. in einem 1647 veröffentlichten Text, England sei vollkommen melancholisch. England als Gesellschaft oder Landschaft? Das hat der alte Weise nicht präzisiert, er hat wohl angenommen, dass sich die Melancholie nicht aufhalten lässt, dort wo sie einmal aufgetaucht ist, durchdringt sie alle Lebensbereiche und alle Existenzformen, so dass sie nicht bereit ist, einen Unterschied zwischen der Gesellschaft und der Landschaft zu machen. Wenn »England vollkommen melancholisch« ist, dann ist England vollkommen melancholisch – als Gesellschaft und als Landschaft, als Geisteszustand und als Klimazone.

Ich glaube, darauf basieren unsere Aussagen über die Melancholie der Herbstlandschaft, die Melancholie der Trauerweide, die Melancholie der Dämmerung oder über den Raben als melancholischen Vogel. Jede Existenzform kann melancholisch sein, wenn man in ihr das Wirken des Saturn ahnen kann oder wenn sie durch ihre Eigenschaften auf die schwarze Galle und den melancholischen Zustand verweist.

6.

Nennen wir subjektive Melancholie den Zustand (die Krankheit?) eines Menschen und symbolische Melancholie die Elemente der äußeren, wirklichen Welt, in denen sich das Wirken des Saturn offenbart. Dementsprechend könnten wir das, was geschieht, wenn Saturn mit seinem Wirken eine ganze Epoche kennzeichnet, historische Melancholie nennen. Ich denke, man braucht nicht eigens zu beweisen, dass dieser Typ der Melancholie Realität ist, ohne besondere Erklärungen und ohne die Angst, nicht verstanden zu werden, sprechen wir Tag für Tag von der »Melancholie der Romantik« oder vom »melancholischen Barock«. Man könnte sagen, dass das die Epochen sind, in denen das allgemeine Empfinden der Welt und des Daseins melancholisch ist. Auch Individuen, die von ihrem psychophysischen Habitus her an und für sich nichts mit Melancholie zu tun haben, werden in diesen Epochen zu Melancholikern, weil die Lebensbedingungen und das Ambiente, in dem sie leben, und sei es auch gegen ihre Natur und gegen ihren Willen, sie in eine existentielle Situation versetzen, die durch sich selbst einen melancholischen Zustand erzeugt oder sogar impliziert. Das sind Epochen, in denen man melancholisch in der Welt weilt, so dass alle, die in dieser Zeit leben, Melancholiker sind.

Mein Freund Dragan T. zum Beispiel, von dem diese Überlegung ihren Ausgang nahm, ist einer der Menschen, die alles andere als melancholisch sind. Ein ausgesprochen sportlicher Typ, interessiert an allen angenehmen Dingen dieser Welt, eher zur Aktion als zur Reflexion neigend, einen guten Witz der besten Lyrik vorziehend, ist dieser Mann heute ein Melancholiker, soweit das überhaupt möglich ist. Ich werde nicht überprüfen, ob er weiß, dass er ein Melancholiker ist, oder nicht, ich weiß, dass er einer ist und dass er es von seinem Willen und seinen Eigenschaften her eigentlich gar nicht sein kann. Er ist heute so, wie er in seiner Jugend war, mit einem zusätzlichen Moment, das man mit ihm schlicht nicht verbinden kann – mit dem beharrlichen, unvermeidlichen Gefühl von Sinnlosigkeit, Vergeblichkeit, Versagung. Ich kenne Dutzende Menschen, die heute auf die Art von Dragan in der Welt weilen, die also heitere und aktive, dem Leben zugewandte Menschen sind, aber Melancholiker geworden sind, weil sie dort, wo sie sich aufhalten, nicht zu Hause sind, und dort, wo sie einst gelebt haben und wo sie vielleicht auch jetzt zu Hause sein könnten, nicht anwesend sind. Wenn ich schon Dutzende kenne, wie viele müssen dann erst die Leute kennen, die weniger asozial sind als ich!?

Gerade die erschreckende Zahl von »erzwungenen Melancholikern«, die heute die Welt bewohnen, erklärt hinreichend, warum ich über diesen Typ Melancholie nachdenken wollte und warum ich überhaupt auf die Idee gekommen bin, dass man über die historische Melancholie sprechen sollte. Woher dieses verbreitete Gefühl, nicht zu leben, sondern zu beobachten und zu verstehen? Warum glauben so viele unserer Zeitgenossen, man könne ja vielleicht anderswo zu Hause sein, aber sicher nicht dort, wo man sich jetzt aufhält? Haben die Eigenschaften der Epoche, zu der wir verurteilt sind, die Bedingungen geschaffen, unter denen sich die Menschen vom eigenen Leben abgeschnitten fühlen?

Für einige der sogenannten Ex-Jugoslawen, die über die Welt verstreut sind, ließen sich, auch ohne nachzudenken, ein paar überzeugende Antworten erahnen. Die meisten von ihnen haben in ihren reifen Jahren einen erzwungenen Schnitt in ihrem Leben, einen Kontinuitätsbruch im Laufe ihrer Werke und Tage erlebt, wie man ihn nur schwer oder gar nicht überwindet. Es sind Menschen, die im Zeichen extremer Disharmonie zwischen der emotionalen und rationalen, der inneren und äußeren Ebene des eigenen Wesens leben. Dort, wo sie sich aufhalten, haben diese Leute das emotionale Gedächtnis eines Kindes oder eines jungen Menschen, dabei sind sie aber schon reife oder sogar etwas ältere Menschen. In reifen Jahren waren sie gezwungen, die Modelle des Sozialverhaltens zu ändern, weil sie in Gesellschaften geraten waren, die auf wesentlich anderen Formen der Sozialisation gegründet sind als die, die sie kennengelernt haben. Sie waren gezwungen, in einer Stadt zu leben, in der dich niemand und nichts im Gedächtnis hat, in einer Stadt, in der du nichts für dich Wichtiges erlebt und es somit auch nicht im Gedächtnis bewahrt hast. In einer Gesellschaft zu leben, in der die Firma wichtiger ist als die Familie und die Liebe, während du in einer Gesellschaft aufgewachsen bist, in der die Familie und die Liebe, neben der Heimat, sagen wir, die höchsten Werte waren. In reifen Jahren mussten sie sich das Gefühl zu eigen machen, dass Freiheit viel Geld haben bedeutet und nicht, viel Zeit für sich zu haben, wie du es in deiner Jugend gelernt hast. Sie mussten lernen, dass die Kontrolle der Emotionen ein wichtiger Wert und eine Verpflichtung ist, nachdem du einen guten Teil des Lebens in einer Gesellschaft verbracht hast, die Ehrlichkeit und das Zeigen von Emotionen hochschätzt, selbst wenn es sie in Wirklichkeit nicht gab. (Um mögliche Missverständnisse zu vermeiden, betone ich, dass ich weder das eine noch das andere für gut, schon gar nicht für besser halte. Ich frage nicht, ob das Ambiente, aus dem die Ex-Jugoslawen vertrieben worden sind, besser ist als das, in das sie geraten sind, ich frage, wie man mit der Kluft zurechtkommen kann, die sich zwischen der pathetischen und der rationalen Schicht im Wesen dieser Menschen, zwischen der Vergangenheit und der Gegenwart, zwischen Denken und Imagination auftut.)

Aber auch im Zusammenhang mit den Ex-Jugoslawen tun sich aufregende Fragen auf, so klar bei ihnen auf den ersten Blick alles scheint. Wie unterscheidet sich die Melancholie eines Wirtschaftsemigranten Mitte der Achtziger von der eines Kriegsemigranten zu Beginn der Neunziger? Unterscheidet sich das Heimweh eines Vertriebenen vom Heimweh eines »normalen Flüchtlings«? Wie seufzt ein Mensch nach seinem Haus, den die Nachbarn mit Waffengewalt daraus vertrieben haben, und wie ein Mensch, der geflüchtet ist, um sich vor der Einberufung zu retten? Ist ein Mensch, der vertrieben worden ist und sich als Opfer fühlt, auf die gleiche Weise Melancholiker wie ein Mensch, der in einem schweren Augenblick freiwillig weggegangen ist und sich vielleicht als Verräter fühlt? Und so weiter und so weiter, Fragen über mögliche Unterschiede zwischen einzelnen Gruppen von Ex-Jugoslawen könnte man endlos aneinanderreihen. (Noch eine Anmerkung, die ich dem Wunsch, verstanden zu werden, schulde: wenn ich von Ex-Jugoslawen, Jugo-Nostalgie und ähnlichen Dingen spreche, verhalte ich mich weder zu den alten noch zu den neuen ideologischen Modellen, ich spreche ausschließlich vom pathetischen Wissen, das die Menschen in sich tragen.)

Zu den »gezwungenen« oder »historischen Melancholikern«, die keine Ex-Jugoslawen sind, aber die Mehrheit in unserer heutigen Welt bilden, liefert Richard Sennett überzeugende Erklärungen, wenn er vom »flexiblen Menschen« spricht. Das ist der typische Bewohner unserer Zeit, ein Mensch, der aufgrund seiner unermesslichen Anpassungsfähigkeit »flexibel« ist, einer der modernen Nomaden, die dorthin gehen, wo sie gerade gebraucht werden oder wo gerade eine Arbeit angeboten wird, so dass sie alle paar Jahre Städte, Firmen und Arbeitsplätze wechseln, womöglich auch ihre Ehepartner oder ganze Familien ... Kann so ein Mensch überhaupt ein emotionales Gedächtnis haben? Kann er einen Zustand (einen Grad?) erreichen, in welchem er anfängt, für diese neue Welt und sich selbst darin ein Gefühl zu entwickeln? Emotionen sind langsam, viel langsamer als der Verstand, sie können sich nicht in den wenigen Jahren, die der »flexible Mensch« von seiner Firma in einer Stadt gebraucht wird, entwickeln und ihm bewusst werden. Wonach kann er sich sehnen? Woran sich mit Wehmut erinnern? Kann man ein Mensch sein, das heißt, wie ist man ein Mensch, wenn man kein emotionales Gedächtnis hat und wenn man sich nach nichts sehnt? Was soll ein emotionaler Zwerg mit sich anfangen, selbst wenn er ein intellektueller Gigant ist? Im besten Fall ist er ein Ungeheuer, und Ungeheuer sind, fürchte ich, zur Melancholie verurteilt.

Ich glaube, ein guter Anfang für ein Gespräch über diese Fragen wären Überlegungen von Robert Burton, einem der

Autoren, die mit guten Argumenten behaupteten, melancholische Gesellschaften oder melancholische Regionen seien Realität. In der Einleitung zu seiner *Anatomie der Melancholie* heißt es: »Wie im menschlichen Körper falsche Mischung der Säfte verschiedene krankhafte Veränderungen auslösen kann, (...) so entstehen auch in einem Gemeinwesen pathologische Ungleichgewichtszustände, die man an ihren besonderen Symptomen leicht erkennen kann.« Einige Formen von Ungleichgewicht, die den pathologischen Zustand in der heutigen Gesellschaft hergestellt haben, hat Sennett entdeckt, als er über den »flexiblen Menschen« sprach, einige lassen sich auch in den Schicksalen von den Ex-Jugoslawen, über die ich gesprochen habe, entdecken, viele würden wir bei einer erneuten Lektüre von Burton entdecken. Vielleicht würden wir so auch zu möglichen Heilmitteln für unseren krankhaften melancholischen Zustand kommen. Burtons Fast-Zeitgenosse William Vaughan schlägt in seinem Buch *Natural and Artificial Directions for Health* aus dem Jahr 1600 eine Arznei vor, die einem helfen kann, beinahe sicher hilft, wenn man sie lange genug einnimmt. Man muss nur Zimt, Ingwer, Ziegenmilch, Muttermilch und Zucker in einem bestimmten Verhältnis mischen und das dann beharrlich einnehmen, bis die Melancholie weicht und Wirklichkeit und Freude nahen.

Ich habe Vaughans Arznei nicht ausprobiert, weil ich denke, dass das Problem nicht meine Melancholie ist, sondern die der Welt, zu der ich verurteilt bin. Sagen wir, ich fände eine Mutter, die mir ein wenig Milch geben würde (wenn bei der Muttermilch im Rezept an die Milch einer beliebigen Wöchnerin gedacht wird und nicht an die Milch einer Frau, die einen unglücklichen Melancholiker geboren und ihn dadurch zur Krankheit verurteilt hat), sagen wir, ich fände alle für die Arznei notwendigen Bestandteile, brächte den Willen und die Kraft auf, sie lange genug einzunehmen und befreite mich irgendwann von meiner Melancholie … Was wäre erreicht? Mir ginge es für einen Augenblick besser, vielleicht wäre ich auch für längere Zeit geheilt, doch die Welt und die Epoche, zu denen ich verurteilt bin, blieben krank. Lassen wir die unangenehme Tatsache beiseite, dass ich überhaupt nicht sicher bin, ob ich von meiner Melancholie geheilt werden möchte, vielleicht weil ich nichts stark genug wünsche, um mich dieses Wunsches wegen zu bewegen (es ist anstrengend, Ziegen und Wöchnerinnen zu finden und sich etwas einfallen zu lassen, wie man ein wenig Milch erbitten kann!), und vielleicht weil meine Krankheit und ich uns so schön aneinander gewöhnt haben. Ich fürchte, so oder irgendwie ähnlich verhält es sich mit uns allen. Möchten wir überhaupt geheilt werden? Empfinden wir unsere Melancholie als Krankheit oder wenigstens als Störung? Wir betrachten die Welt ohne emotionalen Inhalt doch schon lange als wirklich und einzig möglich, wie und warum sollten wir sie, sollten wir uns ändern, um nicht zu sagen, heilen lassen? Denn mit der Melancholie ist es wie mit dem Wein, behauptet Theophrast/Pseudo-Aristoteles in der bereits erwähnten Schrift »Problem XXX,1« – du willst ihm nicht entsagen, wie gut du auch weißt, dass er dir schadet. Ich meine, Victor Hugo hat geschrieben, dass Melancholie der Genuss des Traurigseins ist. Ich fürchte, er hatte recht.

Anhang

»Dies ist eine Stadt. In jedem Sinne des Wortes«

Anstelle eines Nachworts

Dževad Karahasan kam 1972 zum Studium nach Sarajevo. Er arbeitete an verschiedenen Theatern, publizierte in Zeitschriften und unterrichtet seit 1986 an der Akademie der szenischen Künste. Sein erster Roman *Der östliche Divan* erscheint 1989. Außerhalb Jugoslawiens ist Karahasan noch unbekannt. Mit seinem *Tagebuch der Aussiedlung*, 1993 zunächst in Zagreb, dann auf Deutsch in Klagenfurt erschienen, wird er einem Publikum in vielen Ländern Europas und in Nordamerika bekannt. Seit 1998 lebt er wieder in seiner alten Wohnung im Stadtteil Marindvor.

Wie hast du die ersten Tage der Belagerung erlebt?

Am 5. April 1992 war ich zu Gast bei Radio Sarajevo. In einer populären Sendung sollte ich über mein Stück »Das Wunder von Latinluk« sprechen, das Ende März im Nationaltheater Premiere gehabt hatte. Die Aufführung fand im Rahmen der Feierlichkeiten statt, mit denen man 1992 an die Ankunft der Franziskaner in Bosnien vor 700 Jahren erinnern wollte. Die Moderatorin und ich kamen während der zweistündigen Sendung kaum zum Thema. Die ganze Zeit meldeten sich Zuhörer, um ihre Ängste und Zweifel zu äußern, die politische Situation zu kommentieren und im Zusammenhang damit etwas zu behaupten oder zu fragen. Ihre Angst und Verwirrung waren mit Händen zu greifen. Eine Frau fragte, was wir tun sollten. Das, was sich zurzeit in unserer Gesellschaft abspiele, könne kein gutes Ende nehmen. Ich war von der Frage überrumpelt. Schon in mein eigenes Leben mische ich mich normalerweise nur ein, wenn es unbedingt sein muss. Nie habe ich auch nur daran gedacht, mich in das Leben fremder Leute einzumischen, indem ich Ratschläge oder Verbote ausspreche. Aber ich musste etwas antworten. Ich konnte mich nicht taub stellen für die Angst und die Verzweiflung dieser Frau. »Wir können zwei Dinge tun«, antwortete ich. »Wir können die Vorhänge vor den Fenstern zuziehen, ein Buch nehmen, das uns lieb ist, und einfach lesen. Das ist sowieso immer das Beste, was wir tun können. Wem das zu wenig ist, der kann einen Spaziergang machen. Ich zum Beispiel werde gleich mit meiner Frau spazieren gehen. Es ist grandios, spazieren zu gehen, ich denke, es gibt keine bessere Antwort auf das, was uns bedrängt, auf eine Politik, die uns alle auf die Angehörigen ihrer Nation reduzieren will. Spazieren gehen kann man nur als freier Mensch, als Individuum. Sie können nicht als Angehöriger eines Kollektivs spazieren gehen, es gibt keine spezielle Art, in der Maschinenbauingenieure, Kroaten, die Fans eines Fußballvereins oder die Angehörigen irgendeiner anderen Gemeinschaft spazieren gehen. Ich rufe Sie dazu auf, gehen wir spazieren und zeigen wir so, dass wir Individuen und freie Menschen sind, die ihre Zugehörigkeiten nicht verleugnen, sich aber auch nicht auf sie reduzieren lassen.« Unsere Sendung dauerte noch etwa eine halbe Stunde, dann fuhr mich ein Auto von Radio Sarajevo nach Hause. Während der Fahrt durch die Stadt sahen wir scharenweise Menschen, die ins Zentrum strömten. Zu Hause empfing mich meine Frau, schon ausgehbereit, und wir machten uns zum Platz vor dem Parlamentsgebäude auf, wo sich bereits viele Leute versammelt hatten. Es war keine Masse, es waren kleine Gruppen von Menschen, die beieinanderstanden und redeten. Auch wir trafen ein paar Bekannte und kamen mit ihnen ins Gespräch. Plötzlich fielen Schüsse. Etwa zehn Minuten später kam Alma Suljević auf mich zu, eine junge Bildhauerin. Sie reichte mir die Hände und erklärte, das, was ich da sähe an ihren Händen, sei Blut. Auch sie war zum Spaziergang aufgebrochen, mit ihren Freundinnen. Als sie über die Vrbanja-Brücke gingen, wurde vom Jüdischen Friedhof oder aus dem Gebäude, in dem die Direktion des Unternehmens Feroelektro untergebracht war, auf sie geschossen, von Scharfschützen. Heute heißt diese Brücke Suada-Dilberović-und-Olga-Sučić-Brücke. Das sind zwei Frauen, die damals auf der Brücke umgebracht wurden – die ersten Kriegsopfer in Sarajevo. Alma hatte versucht, Suada Dilberović zu helfen, einer jungen Frau aus Dubrovnik, die in Sarajevo Medizin studierte und am 5. April zu einem Spaziergang aufgebrochen war, um gegen den drohenden Krieg zu protestieren.

So fing es an, mit einer für Sarajevo charakteristischen Prise Selbstironie – wir wurden mit dem Krieg konfrontiert, als wir gegen ihn demonstrierten. Die erste Reaktion war Erleichterung: Endlich hatte er begonnen, schon fast ein Jahr hatten wir gewartet, in dem Wissen, dass wir das, was nun anfing, nicht würden vermeiden können. Ein Freund brachte es auf die Formel: Besser ein Ende mit Schrecken als ein Schrecken ohne Ende.

Soweit mein Bericht über den Beginn der Belagerung und des Krieges. Jeder andere Bürger von Sarajevo hätte etwas anderes erzählt, weil er ganz andere Dinge bemerkt und im Gedächtnis behalten hat. Aber ich glaube, all unsere

Berichte würden sich in den Tatsachen berühren, die ich hier dargelegt habe.

Diesem Tag folgte eine unendliche Reihe von Tagen, an denen wir dem Leben durch unser Verhalten eine Form und damit eine Realität aufzwingen mussten. Verkäufer saßen in Geschäften, in denen es nichts zu kaufen gab, Sekretärinnen saßen in Büros, in denen die Telefone nicht klingelten. Aber die Sekretärinnen und die Verkäufer, nicht anders als alle anderen Sarajevoer Bürger, gingen weiterhin stur zur Arbeit – nicht weil sie verrückt geworden wären, sondern weil sie wussten, dass das die Grundbedingung ihrer Existenz war. Es gilt, die Form zu bewahren. Solange wir eine Form haben, können wir existieren – auch als Menschen in einer zerfallenen Welt. Und wir haben eine Form, solange unser Tag in Abschnitte (Arbeit, Haus, Mittagessen, Schlafen, Freunde) und unser Leben in verschiedene Wirkungsbereiche (öffentlich – privat, Arbeit – Erholung, Gespräche mit Freunden – Gespräche in der Familie) eingeteilt ist.

In dieser Phase entstanden die meisten der hier versammelten Texte, in der Regel ein oder zwei Tage nach den Ereignissen, von denen sie handeln. Wahrscheinlich bemühte ich mich beim Schreiben, das, was geschehen war, zu verstehen, die Erfahrung zu artikulieren, die mir das Ereignis, über das ich schrieb, vermittelte, und damit die Grundlagen für ein Nachdenken über diese Erfahrung zu legen. Bereits damals fiel mir auf, dass ich die »großen«, die wirklich dramatischen Ereignisse, die Erfahrungen, die mich in meinen Grundfesten erschütterten und meine tiefsten Überzeugungen in Frage stellten, nicht kommentierte, ja nicht einmal notierte.

Jahre, vielleicht auch Jahrzehnte später suchte ich nach einer Erklärung, warum ich gerade diese Auswahl von notierten Ereignissen getroffen hatte.

Heraklit ahnte hinter der Erscheinungswelt, hinter den Dingen, Prozessen und Ereignissen, denen wir begegnen, ein Regelsystem, ein Gesetz, ein logisches Prinzip oder ein Netz logischer Prinzipien. Dieses metaphysische Gesetz, das Netz der logischen Prinzipien, welche die Prozesse und Ereignisse in der Welt ordnen, nannte er Logos. Ich würde sagen, dass ich, vielleicht geleitet von der Erfahrung und dem Instinkt des Schriftstellers, hauptsächlich die Ereignisse wiedererkannt und aufgezeichnet habe, in denen sich der Logos der verstörten Welt offenbarte, in der wir während der Belagerung Sarajevos lebten – einer Welt, in der Mütter weinten, weil ihre Kinder bei ihnen waren, einer Welt, in der die Menschen einen Mann ehrlich beneideten, weil er ruhig und still, irgendwie »normal« gestorben war. Solche Ereignisse, allem Anschein nach unscheinbar und unbedeutend, nannte ich für mich schon damals Epiphanien, Ereignisse, in denen sich uns der Logos offenbart.

Warum hast du Sarajevo verlassen?

Nicht ich habe entschieden, Sarajevo zu verlassen, und selbst wenn, so hätte diese Entscheidung weder Ursache noch Grund gehabt. Das Kausalitätsprinzip funktioniert nur in Modellen, also in Konstrukten, mit deren Hilfe wir eine Eigenschaft eines wirklichen Phänomens besser kennenlernen wollen, aber in der Wirklichkeit ist es nicht von Nutzen, weil jedes wirkliche Ereignis mehrere Ursachen hat und gleichzeitig »mitverantwortlich« ist für viele Folgen. Für mich gab es die Möglichkeit, Sarajevo zu verlassen, lange nicht – so wenig wie ich mir vorstellen konnte, plötzlich auf den Händen zu gehen, konnte ich mir vorstellen, Sarajevo zu verlassen. Erst irgendwann im Oktober 1992 hatte ich zum ersten Mal den Wunsch zu gehen. Ich hatte kein Ziel, ich fragte mich auch nicht, wohin ich gehen könnte, ich hatte nur den starken Wunsch, nicht mehr dort zu sein.

Bereits damals war mir klar, dass dieser Wunsch aus dem Zwiespalt entstanden war, in dem ich mich befand, im Grunde handelte es sich um einen unversöhnlichen Widerspruch, einen Konflikt zweier Loyalitäten in mir: Ein neuer Jahrgang von Schauspielstudenten musste aufgenommen werden, und ich war als einziger Professor der Akademie noch in Sarajevo. Mir war klar, dass wir den Studenten keinen qualifizierten Unterricht anbieten konnten, eine Reihe der sogenannten beruflichen Fächer im Schauspielstudium hätte ich niemals übernehmen können. Ich beherrsche die Fertigkeiten nicht, die ich ihnen beibringen sollte. Deshalb hätte man auf die Einschreibung neuer Studenten verzichten müssen, die Arbeit, mit der ich mein Brot verdiene, verpflichtet mich dazu, Studenten, denen ich keinen guten Unterricht anbieten kann, nicht einzuschreiben. Dabei ist vollkommen klar, dass wir den neuen Jahrgang aufnehmen müssen, weil die Stadt nur überleben kann, wenn wir, ihre Einwohner, durch unser Handeln für »Normalität« sorgen in dieser aus der wirklichen Welt herausgerissenen Stadt. In den Schulen muss der Unterricht weitergehen, obwohl die elementaren Bedingungen für einen normalen Unterricht fehlen; die Handwerker müssen in ihren Werkstätten sein, obwohl es keinen Strom, kein Wasser und auch kein Material gibt, um irgendetwas zu machen; die Gaststätten müssen geöffnet sein, obwohl sie den Gästen nichts anbieten können – man muss die Form des Tages bewahren, um jeden Preis müssen die Formen des Alltagslebens beibehalten werden. Geben wir das auf, so haben wir auch uns selbst, unsere Stadt aufgegeben und überlassen unser Leben dem Chaos. Es ist klar, dass man nicht zwischen diesen beiden Loyalitäten wählen kann, aber ich war nun in die Situation geraten, wählen und auswählen zu müssen.

In der kurzen Phase von etwa zehn Tagen, in der ich entscheiden musste, ob ich mich an meinem Handwerk oder an meiner Stadt versündigen würde, wünschte ich hundert Mal, nicht dort zu sein. Wenn ich doch irgendwo anders wäre, wenn ich am besten gar nicht wäre – nur nicht dort!

Irgendwie zur gleichen Zeit, im Herbst 1992, fiel mir auf, dass ich bereits im Begriff war, mir das dualistische Weltbild anzueignen: Es gibt »sie« und es gibt »uns«, wobei wir die Opfer sind, unschuldig und gut, während sie in allem das Gegenteil sind. Meinem Verstand ist klar, dass dieses Bild nicht stimmen kann, aber mein emotionales Wesen muss es sich unter den Verhältnissen der Belagerung aneignen, weil das einzige Unglück, das ich sehe, unseres ist, die einzigen Menschen, mit denen ich mitfühlen kann, unsere sind, alle Leiden, die ich sehe, unsere sind. Meine ganze Welt reduzierte sich auf das belagerte Sarajevo, und all meine Kriegserfahrungen, alle konkreten Kenntnisse über Leid und Not, waren mit den Menschen aus Sarajevo verbunden.

Das dualistische Weltbild ist gefährlich, weil es eine Vereinfachung darstellt, die erfolgreich so tut, als wäre sie keine. Doch der Schriftsteller und die Literatur, wie ich sie verstehe, dürfen sich nicht auf die Vereinfachung einlassen, die

Vereinfachung ist meinem Empfinden nach eine fundamentale Sünde, die schwerste, die Literatur begehen kann. Mir und den Menschen um mich herum erklärte ich hartnäckig die Gefahren und Fallen der dualistischen Vereinfachungen. So musste mein Nachbar Damir sich anhören, dass Sulpicius Severus behauptet hatte, der Antichrist sei von einer Jungfrau geboren, genau wie Jesus, der durch diese dualistische Torheit dem Antichrist im Grunde gleichgesetzt wird, nur dass einer plus und der andere minus ist … Der einzige Unterschied zwischen Gut und Böse, Gott und Teufel liegt darin, dass ich das Gute bin und du das Böse. Vielleicht können Theologen und Ideologen mit einer solchen Welt etwas anfangen. Die Literatur mit Sicherheit nicht. Engel und Teufel sind kein Thema der Literatur, denn sie sind eindimensional. Mephistopheles, der beste Teufel in der europäischen Literatur, ist viel menschlicher als Faust, sein menschlicher Partner.

Wahrscheinlich habe ich über diese Reflexionen, auf einem Umweg, wie immer bei mir, begriffen, dass ich in mir die Erinnerung an die Farben der wirklichen Welt erneuern, mich von der Illusion befreien muss, dass eine schwarzweiße Welt wirklich sei und überhaupt wirklich sein könne. Wahrscheinlich deshalb habe ich Ende Februar 1993, als mein Freund Hajrudin Somun mit der Frage zu uns kam, ob ich auf das Literaturfestival in Rauris gehen würde, bereitwillig zugestimmt. Er erklärte, jemand aus dem österreichischen Außenministerium habe eine Empfehlung für einen Platz in einer UNPROFOR-Maschine geschickt. So geschah es, dass ich aus Sarajevo herauskam. Nach meinen Plänen sollte ich drei bis vier Wochen später wieder zurückkehren. Aber es kam anders, weil ich keine Empfehlung hatte. Es gab keinen Platz mehr für mich in einer Maschine nach Sarajevo.

In den Essays »Brief an einen beliebigen Freund« und »Drei Schritte zum Teufel« widmest du dich dem Verhältnis von Sprache und politischer Realität. Du machst die Literatur und die »große Diskursverwirrung« mitverantwortlich für den gewaltsamen Zerfall Jugoslawiens. Ist das nicht eine Überschätzung deines Metiers?

Die Literatur ist zu wichtig, als dass sie von der Verantwortung für Prozesse in der Gesellschaft freigesprochen werden könnte. Ich möchte nicht so weit gehen zu sagen, dass man der Literatur eine direkte Schuld an den politischen Entscheidungen geben kann, aber mitverantwortlich dafür ist sie schon, ebenso wie die anderen Künste – wie alle »symbolischen Formen«, von denen Ernst Cassirer spricht. Man braucht sich nur anzusehen, wie viele Literaten und Literaturprofessoren bei den politischen Prozessen, die Jugoslawien zerschlagen und zu den Kriegen geführt haben, eine Schlüsselrolle spielten. Ich habe einmal gesagt, dass das Textbuch für die Balkankriege der neunziger Jahre bereits zwanzig, dreißig Jahre im Voraus geschrieben wurde. Heute denke ich, diese Behauptung ließe sich ziemlich überzeugend verteidigen.

Der »Brief an einen beliebigen Freund« entstand in Sarajevo, zur selben Zeit wie die kurzen Texte, die ich für mich »Epiphanien« genannt habe. Der Frage nach der Mitverantwortung der Literatur und nach meiner eigenen Mitverantwortung für das Entsetzliche, das sich um mich herum abspielte, konnte ich schlicht nicht ausweichen. Deshalb lag es mehr als nah, darüber zu schreiben. Noch einmal: Die Literatur ist zu wichtig, um unschuldig zu sein, nicht nur für mich, sie ist objektiv wichtig, sie ist die hohe Schule des Lebens, sie beeinflusst unser Selbstverständnis und unsere Sicht des Lebens vielleicht nicht weniger, als es die Menschen um uns herum tun.

»Drei Schritte zum Teufel« wurde viel später geschrieben, etwa fünfzehn Jahre nach dem Ende des Krieges in Bosnien. Es war mein Versuch, mir den Zerfallsprozess einer Kulturgemeinschaft zu erklären. Deshalb habe ich mich vor allem mit der Analyse des Diskurses beschäftigt, der Geisteszustand in einer Gesellschaft lässt sich am besten aus den öffentlichen Diskursen herauslesen. Bereits 1980 habe ich in einem Essay angedeutet, dass die jugoslawische Gesellschaft nicht mehr reformierbar sei. Ich wies darauf hin, dass alle Verben unserer Sprache auf das Verb »ausführen« reduziert sind: Auf dem Spiegel in meinem Friseursalon stand: »Wir führen Haarewaschen aus« (nicht »Wir waschen Ihre Haare«, sondern gerade so: »Wir führen Haarewaschen aus«), eine Firma schaltet Anzeigen: »Wir führen Ankauf von Gold aus« (nicht »Wir kaufen Bruchgold an«, sondern gerade so: »Wir führen Ankauf von Gold aus«). Täglich wurde mitgeteilt, dass auf einer Versammlung »eine Analyse der Geschäftsergebnisse ausgeführt« worden sei ... Verben sind Wörter, die eine Handlung, eine Bewegung und Veränderung benennen. Wenn ausgerechnet diese Wörter im öffentlichen Gebrauch einer Sprache auf ein einziges Wort reduziert sind, ist klar, dass in der Gemeinschaft, die diese Sprache spricht (die geistig in dieser Sprache lebt, die sich die Welt über diese Sprache vorstellt und sie versteht) keine Veränderungen mehr möglich sind – diese Gemeinschaft hält sich in der Welt auf, die Zenon von Elea ersonnen hat, einer Welt, in der Achilles die Schildkröte nicht einholen und der Pfeil das Ziel nicht treffen kann, weil Bewegung nicht möglich ist.

Und an wen sind diese Texte gerichtet? Zuerst an mich selbst, ich versuche beim Schreiben zu verstehen, was mir zustößt, meine Texte sind meine Begegnungen mit der wirklichen Welt. Und dann an alle anderen Menschen, die das, wovon diese Texte handeln, zu verstehen versuchen.

Du bist 1996 nach Sarajevo zurückgekehrt. Wie war dein erster Eindruck von der Stadt? Und wie hast du dein Leben wieder aufgenommen?

Mein Eindruck war zwiespältig. Die Stadt war geschrumpft und mehr oder weniger auf das Zentrum reduziert. Sie hatte viele Einwohner verloren. Die Leute wirkten verunsichert, sehr ernst und schwer, traurig und dennoch irgendwie stabil. Sie waren paradoxerweise verunsichert und selbstsicher zugleich – verunsichert vielleicht durch die plötzliche Öffnung der Stadt: Die Welt war auf einmal so groß geworden, und das Erlebte ließ sich nicht abschütteln; selbstsicher, ja selbstbewusst waren sie, weil sie sich sagen konnten: Wenn ich das hier durchgestanden habe, was soll mir dann noch geschehen.

Nach dreieinhalb Jahren Belagerung war es nicht leicht, zur Normalität zurückzukehren. In jener kleinen Ewigkeit waren die Tage viel zu kurz gewesen. Man musste sich darum kümmern, irgendwo Wasser herzukriegen, Brot zu finden, man musste Heizmaterial auftreiben und dabei noch zur Arbeit gehen. Und jetzt auf einmal funktionierte die

Versorgung wieder, und am Tag standen einem mindestens vier Stunden Zeit zur Verfügung.

Auch meine Rückkehr war äußerst zwiespältig, mit viel Freude und zugleich viel Trauer verbunden. Ich musste vom Tod oder vom Weggang vieler Freunde erfahren. Sarajevo war nach wie vor meine Stadt. Doch wenn ich mich mit meinen Freunden treffen wollte, musste ich auf den Friedhof gehen. Zum Glück gab es viel zu tun – am Nationaltheater, an der Uni. In jener Zeit habe ich eine spannende Erfahrung im Theater gemacht: Wir haben die drei Stücke von Georg Büchner aufgeführt. Das Publikum reagierte unglaublich stark – von heftigster Ablehnung bis zu heller Begeisterung. Büchners Stücke hatten in Sarajevo gewissermaßen Tagesaktualität gewonnen. Ich verkündete damals, sie seien im Auftrag Sarajevos geschrieben – wenn auch 170 Jahre im Voraus, ein technisches Detail, das nicht ins Gewicht fiel.

Die Übersiedlung Sarajevos in eine ideale Sphäre – war sie endgültig oder nur vorübergehend?

Ich denke, diese Frage beantwortet mein Roman *Sara und Serafina* besser, als ich es könnte. Oder die *Berichte aus der dunklen Welt*. Die Helden dieser Erzählungen sind Menschen, die Sarajevo vor langer Zeit verlassen haben und jetzt in Italien, Österreich, Frankreich … leben. Sie leben mehr oder weniger gut, sie würden wahrscheinlich nicht nach Sarajevo zurückkehren, selbst wenn sie es könnten, und dennoch verbringen (verleben!) sie ihre Nächte und die schönen Stunden der Einsamkeit während des Tages in ihrem Sarajevo. Das ist nur ihr, ihr erinnertes Sarajevo, eine Stadt, die nur in ihrem Gedächtnis, als Ort ihrer Sehnsucht existiert, aber sie ist die Ihre und für sie wirklich, etwas mehr als die Stadt, in der sie jetzt leben. Ihr Sarajevo ist definitiv ins Ideelle übergesiedelt, und wenn sie für einen Monat nach Sarajevo kommen, gehen sie durch die Straßen ihrer Erinnerung und nicht durch die Straßen, auf die sie ihren Fuß setzen. Ihr Sarajevo hat früher existiert, und sie verharren in ihm, es scheint ihnen überhaupt nicht zu gelingen, das, was vor ihren Augen ist, zu sehen. Von einem idealen Sarajevo sprechen auch jene, die nicht in dieses heutige Sarajevo kommen und nicht kommen wollen. Sie wiederholen wie einen Schwur, Sarajevo habe sich verändert und dieses heutige sei nicht mehr »jenes Sarajevo«. Das erklärte mir eine Dame, eine ehemalige Sarajevoerin, in Parma. Erst nach einem langen Gespräch begriff ich, dass es »jenes Sarajevo«, von dem sie sprach, nie gegeben hatte, dass sie aus unpräzisen Erinnerungen und Wünschen eine Jugend schuf, die sie gar nicht erlebt hatte … Zum Glück existiert auch ein wirkliches Sarajevo, eine Stadt, die zu einem Gutteil die Werte bewahrte, die sie vor der Belagerung ausgezeichnet hatten. Ich gebe zu, dass ich dieses jetzt weniger schön und weniger liebenswert finde als jenes, vielleicht weil ich damals jünger, gesünder und fähiger war, die Schönheit zu sehen und mich an ihr zu erfreuen.

Sarajevo heute, fast dreißig Jahre später, was für eine Stadt ist das?

Im heutigen Sarajevo gibt es viele Dinge, die mir absolut nicht gefallen. Der wichtigste Wirtschaftszweig ist heute der Tourismus, und ich kann den Tourismus und die Touristen nicht ausstehen, in der Welt des Tourismus sind die Menschen entweder Kellner oder Gäste, und keiner ist zu Hause. Wohl im Zusammenhang mit dem Tourismus tauchte ein »Orient für Touristen« auf, von dem zu meiner Zeit keine Spur zu sehen war. Wir tranken natürlich türkischen Kaffee oder Tee, genossen orientalische Speisen in Lokalen, die im 16. oder 17. Jahrhundert erbaut worden waren (also in »total orientalischen Jahrhunderten«), lasen Rumi und Hafis Schirasi – aber es kam uns nicht in den Sinn, dass das etwas »Orientalisches« sei, das sich herzeigen ließe. Das »Orientalische« war ein Teil unseres Wesens, etwas Selbstverständliches, und deshalb zeigten wir es nicht. Jetzt kann man auf Schritt und Tritt kleine Plätze sehen, bedeckt mit »orientalischen Teppichen und Kelims«, auf denen in »orientalische Tracht« gekleidete Mädchen und Jungen bedienen, während die Gäste die Nargileh rauchen und »orientalische Musik« hören ...

Das zweite stark ausgeprägte Charakteristikum des heutigen Sarajevo ist seine Aufteilung in eine »Stadt für die Ausländer« und eine »Stadt für die Einheimischen«. In Sarajevo leben heute einige Zehntausend Ausländer – Bedienstete des OHR, verschiedener internationaler Organisationen, Stiftungen, Botschaften, also eine kleinere Stadt in der Stadt. Wenn zu diesen Menschen die Touristen dazukommen, ist klar, dass sich in Sarajevo in jedem Augenblick ein wenig mehr Ausländer aufhalten als Einheimische. Daher ist es ganz natürlich, dass mit der Zeit Geschäfte und Bäckereien, Werkstätten und Lokale aufgetaucht sind, die hauptsächlich für die Ausländer arbeiten, die Einheimischen verkehren dort nur in Ausnahmefällen (nicht nur wegen der Preise, die für unsere Einkommen zu hoch sind).

Aber am meisten stört und trifft mich der Verlust einer Eigenheit, durch die Sarajevo eine absolute Ausnahme unter den Städten bildete. Von der Gründung der Stadt an lebten in den besten Wohnlagen die ärmsten Menschen. Das sind die Berge an der Westseite des Talkessels, in dem Sarajevo liegt, trockene Berge, dem Osten zugewandt, so dass sie tagsüber so viel Licht und Sonne bekommen, wie überhaupt möglich ist. Das sind die Viertel Sedrenik, Bjelave, Gorica, Pofalići ... Ich glaube nicht, dass es sich um einen Plan oder eine Absicht handelt, aber es ist ein schönes Wunder, dass es nach einem verborgenen Gesetz (dem Logos der Stadt?) dazu kam, dass in den besten Wohnlagen, die eine Stadt zu bieten hat, ihre ärmsten Bewohner leben – Lastenträger, Schuster, die alte Schuhe reparieren, Zugewanderte, Roma, Arbeiter. Dadurch wurde eine gewisse Gerechtigkeit hergestellt, diese Menschen bekamen dank des Ortes, an dem sie lebten, so viele Gottesgaben, wie dort überhaupt möglich waren, was ihnen die sozialen und ökonomischen Gaben, die ihnen hauptsächlich vorenthalten wurden, ersetzte. Jetzt gibt es in diesen Vierteln die alten Bewohner und ihre baufälligen Häuser nicht mehr, jetzt kann man dort nur Residenzen, Luxusvillen, die Domizile der Neureichen, sehen.

Das ist nur ein Teil der Veränderungen, die mich stören und die mir jeden Spaziergang durch die Stadt vergällen. Aber es ist nach wie vor eine Wunderstadt, vielleicht die einzige europäische Stadt, in der alle oder zumindest die überwältigende Mehrheit die Freundschaft eines Ordensbruders und eines Hafis ganz natürlich finden, es ganz natürlich finden, dass ein Mädchen in einem kurzen Rock und ihre beste Freundin, die ein Kopftuch trägt, zusammen spazieren gehen und zu Mittag essen ... Eine Aufzeichnung über Sarajevo beginnt Ivo Andrić mit den Sätzen: »Dies ist eine Stadt. In jedem Sinne des Wortes.« Dem habe ich nichts hinzuzufügen.

Graz, Dezember 2020
Die Fragen stellte Katharina Raabe, Lektorin, Berlin

Editorische Notiz

Dnevnik selidbe wurde 1993 bei Durieux, Zagreb, veröffentlicht. Die erste deutschsprachige Ausgabe erschien im selben Jahr unter dem Titel *Tagebuch der Aussiedlung* im Wieser Verlag, Klagenfurt, in der Übersetzung von Klaus Detlef Olof. Es folgten Übersetzungen ins Niederländische, Englische, Französische, Italienische, Tschechische und Polnische.

»Drei Schritte zum Teufel« erschien erstmals auf Deutsch in *Lettre International* 63/Winter 2003.

»Aufenthalt im Spiegel« in *Lettre International* Nr. 94/ Herbst 2011.

Bildnachweis

S. 7 Dževad Karahasan auf dem Friedhof von Ravne Bakije. 2010. Foto: Tobias Wenzel, Berlin
S. 25 Marindvor. 2018. Foto: Print Studio Sarajevo
S. 65 Vijećnica. August 1992. Foto: Fuad Fočo
S. 121 Hotel Evropa. 1995. Foto: Milomir Kovačevič Strašni
S. 135 Jüdischer Friedhof. 2018. Foto: Print Studio Sarajevo
S. 201 Dževad Karahasan auf dem Friedhof von Ravne Bakije. 2010. Foto: Tobias Wenzel, Berlin

Inhalt